经管文库·管理类
前沿·学术·经典

本书是全国教育科学"十三五"规…
题"陕西省师范生信息化教学能力现状分…
准号（DCA190332）的阶段性研究成果。

THEORETICAL AND PRACTICAL RESEARCH ON INNOVATIVE CULTIVATION OF INFORMATIONIZATION TEACHING ABILITY FOR NORMAL UNIVERSITY STUDENTS

师范生信息化教学能力创新培养的理论与实践研究

侯冬青 著

MANAGEMENT

经济管理出版社
ECONOMY & MANAGEMENT PUBLISHING HOUSE

图书在版编目（CIP）数据

师范生信息化教学能力创新培养的理论与实践研究 / 侯冬青著 . —北京：经济管理出版社，2023.9

ISBN 978-7-5096-9344-5

Ⅰ.①师… Ⅱ.①侯… Ⅲ.①计算机辅助教学–教学能力–能力培养–研究 Ⅳ.①G434

中国国家版本馆 CIP 数据核字（2023）第 189232 号

组稿编辑：杨国强
责任编辑：杨国强
责任印制：黄章平
责任校对：张晓燕

出版发行：经济管理出版社
　　　　　（北京市海淀区北蜂窝 8 号中雅大厦 A 座 11 层　100038）
网　　址：www.E-mp.com.cn
电　　话：（010）51915602
印　　刷：唐山玺诚印务有限公司
经　　销：新华书店
开　　本：710 mm × 1000 mm/16
印　　张：12.5
字　　数：207 千字
版　　次：2023 年 10 月第 1 版　2023 年 10 月第 1 次印刷
书　　号：ISBN 978-7-5096-9344-5
定　　价：98.00 元

·版权所有 翻印必究·

凡购本社图书，如有印装错误，由本社发行部负责调换。
联系地址：北京市海淀区北蜂窝 8 号中雅大厦 11 层
电话：（010）68022974　　邮编：100038

前 言

如今，信息技术的迅速发展正在深刻影响着教育领域。信息化教育已成为教育改革的重要方向，为教学提供了全新的可能性和机遇。随着信息技术的广泛应用，教育信息化正逐渐改变着教育的方式、教学的内容和教师的角色。在此时代背景下，培养具备信息化教学能力的师范生显得尤为重要。

本书的研究意义在于探讨如何有效培养师范生的信息化教学能力。师范生作为未来教师的培养对象，其信息化教学能力的提升对于教育信息化的推进和教育改革的成功至关重要。通过研究师范生信息化教学能力的培养方法和策略，可以为师范教育提供实践性的参考，促进师范生信息化教学能力的发展。

教育信息化的兴起与发展是本书第一章探讨的重点。本章将从教育信息化的起源出发，追溯其发展的历程，并分析教育信息化的内涵与特征。此外，还将阐述教育信息化的目的与意义，以及构成教育信息化的要素与内容。

第二章聚焦师范生的信息化教学能力研究。主要探讨师范生培养的概述，师范生信息化教学能力及相关概念的辨析。同时，将深入研究影响师范生信息化教学能力培养的因素，并阐述培养师范生信息化教学能力的必要性。

第三章探讨教师专业发展与师范生信息化教学能力结构的关系。探讨了教师专业发展的内涵与内容，并梳理教师专业发展的历程与阶段。此外，还研究了教师专业发展与师范教育之间的相互关系，并对师范生信息化教学能力结构进行分析。

第四章探讨师范生信息化教学能力创新培养的理论基础。介绍系统理论与学习理论的基本原理，探讨"变化评定模型"与努力质量理论的应用，以及学习共同体理论与联通主义理论的重要性。此外，还介绍了现代教育传媒理论对师范生信息化教学能力创新培养的启示。

第五章探讨师范生信息化教学能力创新培养的教学资源建设。讨论教学能力提升平台的建设，信息化资源技术支持系统的构建，以及实践能力培训平台与评估系统的建设。此外，还探讨了完善师范生教学技能的辅助系统。

第六章探讨师范生信息化教学能力创新培养的实践路径。讨论更新人才培养理念的重要性，完善课程体系建设的策略，优化实践教学方法的实施，以及科学构建评价体系的方法。

第七章讨论健全师范生信息化教学能力创新培养保障体系的重要性。探讨了完善政策制度保障体系的措施，提升师资队伍建设水平的方法，创新学生组织管理模式的实施，以及构建协同育人长效机制的策略。

本书将理论研究与实践探索相结合，旨在为培养具备信息化教学能力的师范生提供理论指导和实践经验。希望通过本书的出版，能够为教育信息化领域的研究者、教育工作者和师范生提供有益的参考和借鉴，促进教育现代化的进步。

在撰写本书的过程中，积极借鉴了相关领域的研究成果和先进经验。在此，要衷心感谢所有给予支持和帮助的人们。由于知识更新迅速，本书难免存在一些不足之处，欢迎读者提出宝贵的意见和建议，以便在今后的研究中加以改进。最后，衷心希望本书能够为广大读者提供有益的启示和指导，共同推动师范生信息化教学能力创新培养的发展，为教育事业的繁荣做出积极贡献。

目 录

第一章　教育信息化概述 ··· 1
- 第一节　教育信息化的起源与发展 ······································· 1
- 第二节　教育信息化的内涵与特征 ······································· 15
- 第三节　教育信息化的目的与意义 ······································· 20
- 第四节　教育信息化的要素与内容 ······································· 24

第二章　师范生信息化教学能力研究 ······································· 30
- 第一节　师范生培养概述 ··· 30
- 第二节　师范生信息化教学能力相关概念 ······························· 38
- 第三节　影响师范生信息化教学能力培养的因素 ······················ 41
- 第四节　师范生信息化教学能力培养的必要性 ························· 44

第三章　教师专业发展与师范生信息化教学能力结构 ················· 49
- 第一节　教师专业发展的内涵与内容 ··································· 49
- 第二节　教师专业发展的历程与阶段 ··································· 59
- 第三节　教师专业发展与师范教育 ······································· 65
- 第四节　师范生信息化教学能力结构 ··································· 74

第四章　师范生信息化教学能力创新培养的理论基础 ················· 82
- 第一节　系统理论与学习理论 ·· 82
- 第二节　学习共同体理论与联通主义理论 ······························· 91
- 第三节　现代教育传媒理论 ··· 94

第五章　师范生信息化教学能力创新培养的教学资源建设 ··········· 100
- 第一节　教学能力提升平台的建设 ······································· 100
- 第二节　信息化资源技术支持系统的建设 ······························· 110

第三节　实践能力培训平台与评估系统的建设 …………… 122
　　第四节　完善师范生教学技能的辅助系统 ………………… 129
第六章　师范生信息化教学能力创新培养的实践路径 ………… 132
　　第一节　更新人才培养理念 ………………………………… 132
　　第二节　完善课程体系建设 ………………………………… 137
　　第三节　优化实践教学方法 ………………………………… 144
　　第四节　科学构建评价体系 ………………………………… 154
第七章　健全师范生信息化教学能力创新培养保障体系 ……… 165
　　第一节　完善政策制度保障体系 …………………………… 165
　　第二节　提升师资队伍建设水平 …………………………… 177
　　第三节　创新学生组织管理模式 …………………………… 182
　　第四节　构建协同育人长效机制 …………………………… 188
结语 …………………………………………………………………… 191
参考文献 ……………………………………………………………… 192

第一章 教育信息化概述

第一节 教育信息化的起源与发展

一、教育信息化的起源

(一)信息化

"信息化"这一观念,源于日本的学术圈。日本学者梅棹忠夫在1963年首次描绘了"信息革命"以及"信息化社会"的蓝图,预测了信息科技的发展与应用将促发一场涵盖全社会的变革,并推动人类社会步入"信息化社会"。1967年,一个由日本政府组织的科学、技术、经济研究小组,在探索经济发展的过程中,借鉴"工业化"的概念,正式引入了"信息化"这一概念。信息化被定义为一个动态过程,信息产业在这个过程中逐渐发展,直到在产业结构中占据优势地位,形成信息社会。它揭示了一个从以实物产品为主导,转向以抽象的信息产品为主导的基本性转变。

西蒙·诺拉(Simon Nora)与阿兰·孟克(Alain Minc)在其科研报告中提出了"Informatisation"一词。1980年,这份研究被英译为 *The Computerization of Society: A report to the President of France*。然而,孟克在1987年发表的论文中更偏爱使用"Informatisation",而非"Computerization"。此份1978年的研究成果发布后,法、德、英的相关文献皆采纳并拓展了这一理念,覆盖领域也不再局限于计算机和远程通信。

1993年9月,美国克林顿政府正式提出建设"国家信息基础设施"(National

Information Infrastructure，NII）计划，民间亦称其为"信息高速公路"（Information Super Highway）。该计划的重心在于发展以互联网为中心的综合信息服务体系，同时推进信息技术（Information Technology，IT）在各社会领域的广泛应用。在这个政策的催化下，全球范围内众多的发达国家和发展中国家纷纷推出了自己的国家信息基础设施建设规划，为全球信息化建设掀起了新的热潮。

在中国国内，对于"信息化"一词的广泛应用是在实行改革开放并确立现代化目标的大背景下逐渐出现的。关于"信息化"的描述，在中国学术界和政府内部进行了长时间的研讨。一些观点认为，信息化指的是计算机、通信和网络技术的现代化[1]；另一些观点认为，信息化是从以物质生产为主导向以信息产业为主导的社会转变的发展过程[2]；还有些人认为，信息化是从工业社会向信息社会演进的过程；等等[3]。我国政府高度重视国家信息化建设。1997年4月，中国举行了第一次信息化工作会议，正式提出了国家信息化体系的概念，该体系包括信息资源、信息网络、信息技术应用、信息技术和产业、信息化人才、信息化政策法规和标准六个要素。国家信息化被定义为在国家的统一规划和组织下，在农业、工业、科学技术、国防以及社会生活各个方面应用现代信息技术，深入开发和广泛利用信息资源，加速实现国家现代化的进程。这个定义具有四个层面的含义：实现四个现代化离不开信息化，信息化必须为四个现代化服务；国家必须对信息化建设进行统一规划和组织；各个领域必须广泛应用现代信息技术，深入开发和利用信息资源；信息化是一个不断发展的过程[4]。

在现代社会，实施信息化战略需要进行信息资源开发和利用、国家信息网络建设、促进信息技术应用、推动信息技术和产业发展、培养信息化人才，并制定、完善信息化政策，以构建和完善由六个要素构成的国家信息化体系。

---

[1] 赵林，冯萍.教育信息化与教育现代化——论网络技术在教育中的应用［J］.沈阳工程学院学报（社会科学版），2003（3）：64-65.
[2] 姜爱林.信息化的作用及协调发展［J］.南都学坛，2005（6）：97-100.
[3] 周毅.信息化与工业化［J］.苏州科技学院学报（社会科学版），2003（2）：35-39.
[4] 贾志娟.信息化与政府创新关系的研究［J］.金融经济（下半月），2005（6）：106-107.

（二）教育信息化

在 20 世纪 40 年代后期至 70 年代前期，全球教育信息化刚刚崭露头角，这一进程的开启，与世界上首台计算机的诞生紧密相连。美国加州大学洛杉矶分校、斯坦福研究所、加州大学圣塔芭芭拉分校以及犹他大学之间设立的第一个电脑网络——奥普网络（ARPANET）在 1969 年 9 月 1 日正式投入使用。教育领域中计算机和网络的应用，推动了计算机辅助教育系统的发展。在美国，IBM 公司是首家将计算机引入教学的实体，早在 1958 年就研发出面向小学生算术教学的计算机辅助教学（Computer Assisted Instruction，CAI）系统。随后，1959 年，美国伊利诺伊大学开始了计算机教学的实验，开创了美国大学计算机教育的先例。20 世纪 60 年代，美国的教育信息化已然启动，据统计，到 1970 年，美国初中使用计算机的比率达到了 34.4%，并在 1975 年提升至 58.2%[①]。信息通信技术的飞速发展和互联网的普及，对教育领域产生了深远影响，改变了教育的方方面面。社会经济的高速发展以及信息技术的爆炸式增长，对人们的素质提出了更高的要求，同时对教育的发展产生了深远的影响。在信息化社会背景下，全球各国纷纷效仿美国，广泛运用信息技术提升教育机构的运营效率，拓宽受教育人群的覆盖面，并且寻求新的教学模式，这些都已成为全球各国教育改革和教育发展的重要组成部分。

美国不仅在教育信息化的实践上领先全球，其在相关领域的研究也是首屈一指的。1990 年，美国克莱蒙特大学的 Kenneth Green 教授率先提出了"校园信息化"（Campus Computing）的理念，并在同一年发起了针对美国高等教育信息化的研究项目（Campus Computing Project，CCP）。此项研究项目至今仍然被视为全球高校信息化研究的代表性项目。中国在教育信息化的研究中，从借鉴国外的先进经验开始。在 CCP 研究项目的启发和影响下，北京大学和香港大学在 2002 年联合发起了亚洲地区首个国际性的高等教育信息化研究项目：亚洲校园计算调查（Asian Campus Computing Survey，ACCS）。

教育信息化已逐渐被全球认可为教育现代化建设的象征。在当今社会背景

---

① 周志军.国外中小学计算机辅助教学的发展趋势［J］.外国中小学教育，1997（4）：2.

下，无论是发达国家还是发展中国家，均正在推出以教育信息化为特色的新世纪教育振兴计划，期望借此确保在人才培养方面的优势地位，以加速教育现代化的步伐，并为经济社会的飞速发展提供人才支撑。一个全球范围内的教育信息化革命，在教育领域的各个层面已经火速进行。以多媒体计算机技术和网络通信技术为标志的信息技术，已经作为现代科技革命的基石和核心，深入渗透到教育领域的每一个角落，对现代社会产生了深远影响。它正在大幅度地改变着人们的工作模式、学习方式、生活习惯甚至思考逻辑，从而必将推动人类社会实现更大的进步。

二、教育信息化的发展

（一）国外教育信息化的发展

1. 美国教育信息化的发展

美国教育信息化的早期发展可以回溯到1993年提出的"国家信息基础设施"计划，其核心目标在于推动信息技术在教育领域的普遍运用。到了1996年，美国政府提出了新的目标，计划在2000年前实现全国所有学校、教室、图书馆的互联网接入，使每位青少年都能熟练使用网络，每个成年的美国公民都能进行终身学习，师生都能掌握使用多媒体计算机的技能，使高效的软件以及在线学习资源成为学校课程的重要组成部分。

美国在1996年就已实现65%的中小学校与国际互联网的联通，且在大学课程中，多媒体技术的硬件和软件被广泛运用并作为教学方法和课程载体。在推动教育信息化的实践过程中，美国政府曾组织多个中小学教育信息化项目，例如1988~1997年的"明星学校"计划和"全国学校网络试点项目"（NSNT）。据统计，到1998年，美国每6个学生就拥有一台计算机，29%的中小学配备专职的教育技术人员，89%的公立学校已完成联网。进入21世纪后，美国基于新的起点开始制定新的国家目标[①]。

---

① 殷旭彪.当代教育信息化理论与实践研究［M］.北京：中国书籍出版社，2018.

在高等教育领域，美国高校信息化问题要比 NII 计划更早被提出。根据美国 CCP1994 年调查数据，扩展校园网络仍然是大学各部门最重视的信息化建设工作。本次调查中超过 2/3（69%）的大学有校园网，相比 1992 年的 63% 有所上升。光纤是通常的主干传输介质，1994 年超过 3/4 的四年制大学报告采用光纤作为主干。美国 CCP1994 年调查数据还显示，美国超过 3/4（79%）的大学报告接入互联网，而 1993 年只有 66%。另外，23% 的大学报告建立了 Gopher，而 1993 年只有 14%。其中，Gopher 行为主要是研究型大学（84% 的公立研究型大学，74% 的私立研究型大学）。

进入 21 世纪，美国的信息技术教育在 20 世纪 90 年代所取得的成绩之上设定了更为宏伟的目标。根据 2002 年的亚洲校园计算调查项目的统计数据，美国建成并接入互联网的校园局域网的比例已达到了惊人的 99.4%。深入研究发现，当前美国高校的教学信息化建设的核心焦点主要是推广使用信息技术的工具和手段，实行在线教学，强化对师生信息技术技能的培训，以及制定教学信息化政策等方面[1]。

美国的教育信息化在 2008 年取得了显著的成就，所有的公立学校已全面接入宽带网络，其中 69% 的学校还配备了无线网络设施。此外，2009 年的数据显示，有 87% 的美国教师表示，在过去的一年中，他们参加的教师专业发展活动中涉及了教育技术能力的提升。到了 2010 年，有 55% 的公立学区报告，其学生申请了远程教育课程，其中 96% 的学生修读了相当于高中水平的课程[2]。

2023 年，美国高等教育信息化协会对信息化教育的标准进行了重新规定，倡导要提升学生的学习体验。在基础设施的构建上，智能眼镜、虚拟现实环境以及物联网等技术的应用成为推动新型学习模式发展的关键元素，这也为学生未来职业的发展奠定了坚实的基础。在人力资源的部署上，教育机构的全体工作人员需要积极参与，共同创造新的学生体验，同时需要提升教职工的数字化技能。

---

[1] 张贞云. 教育信息化［M］. 青岛：中国海洋大学出版社，2018.
[2] 程佳铭，金莺莲. 美国教育信息化概览［J］. 世界教育信息，2012（6）：7.

2. 日本教育信息化的发展

20世纪80年代初，日本教育信息化刚刚起步。然而，在此期间，日本已经看到了数据库和信息网络的重要性，并着手建设起自己的学术信息网络。这个网络主要是以全国各大学图书馆和计算机中心为主体，他们联合起来，创建了一个学术信息网络——学术情报中心。这个中心的目标是整合和优化各个大学的学术资源，为全国的研究人员和学生提供方便快捷的信息获取服务。1989年4月，日本启动了一套新的学习指导要领，规定要以计算机相关内容为核心，开展信息教育。

1990年，日本文部省宣布了一项宏大的计划，即在接下来的9年内，为所有学校配备多媒体硬件和软件，并对教师进行相关的培训。1994年，日本启动了百校联网工程，旨在使中小学生了解并学会使用国际互联网。1995年，日本文部省和通产省联合推出了一个创新性的研究项目，即"100所中小学联网"试验研究项目。这个项目强调利用计算机系统，使所有实验学校都能接入Internet，探索全新的教学模式。

1996年，日本的教育策略出现了重大转变，他们将学生的"生存能力"定为21世纪教育发展的主要目标。他们深刻认识到在一个日益信息化的社会，"生存能力"是分析问题和解决问题的能力。日本教育课程审议会发布了一份咨询报告，标题是《关于教育课程基本走向》。报告明确规定了信息教育课程的运作细则，要求所有基础教育的学科都需要在教学过程中使用计算机。1998年12月，日本政府提出了一个颇为雄心壮志的"教育信息化计划"。计划提出了几个重要的目标，包括"儿童变化""授课变化"以及"学校变化"。这些目标都聚焦于提高青少年的计算机素养，并希望通过日常性的计算机应用，从根本上变革授课形态。此外，他们还致力于构建一个以学校、家庭和社区之间的相互协作为主导的新的管理模式。

1999年12月，日本政府制定了《教育信息化实施计划》（"新千年计划"），提出到2005年，所有科目都要实现计算机和网络授课。而在2000年，为了实现这个计划，日本政府拨出了119亿日元用于教育信息化。

2001年，日本的IT战略本部制定了"e-Japan战略"，其中设立了信息化的日本社会远景目标：提升全体国民的信息素养，加强国民教育的信息技术教育及应用，以及培养信息技术工程师与研究人员。随后，根据日本中小学教学大纲的修改，小学和初中从2002年开始，高中从2003年开始实施信息教育。

2005年，日本在《关于推进中小学信息教育的建议》报告中，提出在小学高年级、初中设立新的教学科目"信息"，同时整理并充实高中教学科目"信息"的教育内容。据统计，2008年日本电脑普及率达55%，居世界第二位。根据2012年日本文部科学省的调查结果，截至2012年，日本全国中小学校中，学校办公电脑使用率达102.7%[①]。

到了2016年，日本政府在第5期"科学技术基本计划"中提出了"社会5.0"的概念，即虚拟空间与现实空间高度融合的社会系统，是实现经济发展并解决社会问题、以人为中心的新型社会形态。

2020年，日本修订《科学技术基本法》为《科学技术创新基本法》。根据这一法律，2021年3月，日本政府推出了新一期"科学技术创新基本计划"。这一计划进一步细化了"社会5.0"的愿景，并着重强调了教育的数字化转型，系统推进STEM教育。

当前日本的教育改革，旨在通过信息教育培养学生的学习能力以及面向社会5.0时代的生存力，在改革中，重新定义了信息素养，将其与语言能力、问题发现与解决能力一起作为学生应具备的三大基础能力。

3. 澳大利亚教育信息化的发展

澳大利亚的教育数字化水平在全球中处于领先地位，其教育信息基础设施水平和学生的数字技能水平均达到了较高水准。1982年，澳大利亚各州政府意识到将计算机和信息技术应用到教育中的重要性，相继成立计算机教育机构，确立了每一个孩子都需要学习计算机和信息相关知识的目标。

1983年，澳大利亚政府出台了第一个国家级教育信息化改革政策文件《教

---

① 教育部教育管理信息中心. 日本中小学校园因特网发展迅速［J］. 世界教育信息，2001（2）：34-35.

学、学习与计算机：全国咨询委员会关于学校计算机的报告》。这一政策文件构建了国家计算机教育计划战略，强调计算机是一种强大的教学手段，能够帮助教师进行更有效、更适合学生需要的教学方式。

1996年，澳大利亚政府发布了新的教育信息化政策报告《教育与技术融合：关于教育技术基础设施和信息通信技术对教师、培训人员专业发展与支持的调查》。该报告提出了将计算机教育概念化的新方法，认为计算机技术的发展扩大了学习的范围，并提供了全球经济变革背景下教育改革的手段和机会。

2000年，澳大利亚政府发布了《网络世界中的学习：信息经济下的学校教育行动计划》。该报告指出使用教育技术的结果是改善学生的学习成果，支持学校逐步转型，获得公平的教育福利。报告确定了"五个关键行动领域"，包括人员、基础设施、内容与服务、配套政策、监管，并提出要优先发展宽带网络、教师专业素养和数字化课程内容开发。

2007年，澳大利亚政府推出了《数字教育革命》计划，旨在大规模地促进信息通信技术融入澳大利亚学校的教学过程中，对教学方式进行持续而有意义的改变，构建世界一流的教育体系。

2012年，澳大利亚政府委托第三方咨询公司对《数字教育革命》计划进行评估，并于2013年发布了《数字教育革命中期审查报告：评估进展及潜在的未来方向》。该报告评估结果认为，澳大利亚在技术基础设施、数字资源和支持方面构建了强大的数字教育基础，在政策方面也推动了学校领导运用数字技术。然而，报告指出信息通信技术在学校中长期应用的效果尚不可知，未来仍需更加努力地将技术融入教学之中。

2017年，澳大利亚教育部门将数字素养作为第六个核心素养，添加到澳大利亚核心技能框架（Australian Core Skills Framework，ACSF）中。为了突出数字素养的重要性，澳大利亚教育部门于2020年发布了《面向未来的基础技能》，提出面向未来需要掌握的数字技能标准框架，明确了教育和培训中的核心数字技能要求。

2021年，澳大利亚政府推出了《数字经济战略2030》，旨在达到"2030年建成领先的数字经济与社会"的愿景。该战略围绕发展数字经济、建设新兴技术以及设定数字增长有限事项"三大支柱",要求到2030年,所有澳大利亚人都将习得数字技能。

综上所述,澳大利亚在教育信息化方面经历了多年的发展和改革,政府出台了一系列的政策和计划,推动学校和学生的数字化转型。这些举措不仅注重技术基础设施的建设,也关注教师专业发展和学生数字技能的培养,以提高教育质量和应对未来的挑战。

(二)国内教育信息化的发展

我国自21世纪初起,为适应信息社会的发展,积极推动教育信息化战略的布局,并相继颁布了一系列的政策文件。这些政策文件旨在促进我国教育领域与信息技术的融合,以推动教育的现代化发展。具体如表1-1所示。

表1-1 近20年间我国教育信息化政策概览

相关文件	教育信息化的重点部署
《2006—2020年国家信息化发展战略》(2006年)	加快教育科研信息化步伐,提高国民信息技术应用能力,造就信息化人才队伍,实行国民信息技能教育培训计划
《国家中长期教育改革和发展规划纲要(2010—2020年)》(2010年)	在加快教育信息化进程的规划中,要求加快教育信息基础设施建设,加强优质教育资源开发与应用,构建国家教育管理信息系统
《教育信息化十年发展规划(2011—2020年)》(2012年)	提出以教育信息化带动教育现代化的战略:实施"中国数字教育2020"行动计划,构建2020年五大信息化发展水平框架;建设信息化公共支撑环境;造就教育信息化师资队伍
《教育信息化"十三五"规划》(2016年)	加快构建以学习者为中心的教学和学习方式,构建网络化、数字化、个性化、终身化的教育体系,提出"泛在学习"理念
《国家教育事业发展"十三五"规划》(2017年)	提出"互联网+教育",实施"互联网+教育培训"行动,支持"互联网+教育"教学新模式,发展"互联网+教育"服务新业态
《新一代人工智能发展规划》(2017年)	提出"智能教育",利用智能技术加快推动改革,构建新型教育体系;开展智能校园建设;建立以学习者为中心的教育环境

续表

相关文件	教育信息化的重点部署
《教育信息化2.0行动计划》（2018年）	到2022年基本实现"三全两高一大"的发展目标，实施八大行动
《中国教育现代化2035》（2019年）	加快信息化时代教育变革
《关于加强新时代教育管理信息化工作的通知》（2021年）	到2025年，新时代教育管理信息化制度体系基本形成，信息系统实现优化整合，一体化水平大幅提升；数据实现"一数一源"，数据孤岛得以打通，数据效能充分发挥；在线服务灵活便捷，"一网通办"深入普及，服务体验明显提升；现代化的教育管理与监测体系基本形成，多元参与的应用生态基本建立；教育决策科学化、管理精准化、服务个性化水平全面提升，支撑构建高质量教育体系

2006年，我国颁布了《2006—2020年国家信息化发展战略》，旨在积极推进信息化发展，持续提升国家信息化水平，并明确提出"教育信息化"的战略要求。该战略要求从教育科研信息化水平、信息化基础设施、国民信息技术应用能力培养等方面展开教育信息化改革的行动。其中，迫切加快教育科研信息化进程，提高基础教育、高等教育和职业教育的信息化水平，构建全面的终身教育体系，建立并完善全国范围内的教育与科研基础条件网络平台，以推动教育与科研设备的网络化利用。另外，要广泛普及中小学的信息技术教育，提升全民的信息技术应用能力，构建完善的信息化人才培养体系，培育出适应信息化时代需求的人才队伍。同时，实施国民信息技能教育培训计划，建立健全的信息技术基础课程体系，积极推动全民信息技能教育和培训工作的开展[1]。

《国家中长期教育改革和发展规划纲要（2010—2020年）》（以下简称《纲要》）对信息技术在教育发展中的决定性影响提供了一份明确的声明。这份文件强

---

[1] 中共中央办公厅 国务院办公厅. 中共中央办公厅国务院办公厅关于印发《2006—2020年国家信息化发展战略》的通知［EB/OL］.（2006-03-19）［2023-05-19］. http://www.gov.cn/gongbao/content/2006/content_315999.html.

调，对于信息技术的应用及其对教育的影响，应予以绝对的重视。《纲要》提出，教育信息化应并入国家的整体信息化发展战略中，并关注教育信息基础设施的建设、优质教育资源的开发与应用、国家教育管理信息系统的构建三个重点，加速我国的教育信息化改革。一是在前瞻性视角下部署教育信息网络，构建既先进、高效又实用的数字化教育基础设施。二是加强网络教学资源体系的建设，对信息技术的应用予以强化，并提升教师运用信息技术的能力。三是构建国家教育管理信息系统，以加速学校管理的信息化进程，推进政府教育管理的信息化，并构筑国家教育管理公共服务平台[①]。教育信息化是一条通向教育现代化和国家现代化的康庄大道。信息科技与教育之间的关系不仅仅是一个交集，它还能解构原有的传统教育体系，并基于保留原有有益部分的基础上，重构出一座全新的教育大厦[②]。

《教育信息化十年发展规划（2011—2020年）》（以下简称《规划》）由教育部于2012年推出，目标是落实《纲要》中关于教育信息化的总体部署。《规划》提出，应以教育信息化驱动教育现代化，将教育信息化置于支持并引领教育现代化的战略地位[③]。《规划》包含以下内容：第一，实施"中国数字教育2020"五项行动计划，包括优质数字教育资源建设与共享行动、学校信息化能力建设与提升行动、国家教育管理信息系统建设行动、教育信息化可持续发展能力建设行动、教育信息化基础能力建设行动。这五项行动计划旨在解决国家教育信息化全局性、基础性、领域共性的重大问题。第二，构建基础教育、职业教育、高等教育、继续教育、教育管理五大领域的2020年信息化发展水平框架。第三，覆盖城乡各级各类学校的教育信息化体系，以促进优质教育资源的普及和共享，推动信息技术与教育教学的深度融合。第四，构建信息化公共支撑环境，培养业务精湛、结构合理的教育信息化师资队伍、专业队伍、管理队伍，为教育信息化提供人才支持。

[①] 新华社. 中共中央国务院印发《国家中长期教育改革和发展规划纲要（2010—2020年）》[EB/OL]. (2010-07-29) [2023-05-19]. http://www.gov.cn/jrzg/2010-07/29/content_1666937.html.
[②] 包国庆. 教育信息化与教育技术学晋升一级学科的必要性与可行性分析——学习《国家中长期教育改革和发展规划纲要（2010—2020年）》的体会 [J]. 电化教育研究, 2011（2）：11-15.
[③] 教育部. 教育部关于印发《教育信息化十年发展规划（2011—2020年）》的通知 [EB/OL]. (2012-03-13) [2023-05-19]. http://www.moe.gov.cn/srcsite/A16/s3342/201203/t20120313_133322.html.

《规划》是我国首份针对教育信息化主题的纲领性文件，推动了政府、学校和企业的融合式发展，促进了教育生态的变革。在"信息技术对教育具有革命性影响"的思想指导下，《规划》既强调了教育信息化对教育现代化的支持作用，也强调了其引领作用。

《教育部关于实施全国中小学教师信息技术应用能力提升工程的意见》于2013年发布，文件提出了信息化改革，即实施全国中小学教师信息技术应用能力提升工程，包括对教师进行培训学分管理，展开教师信息技术应用能力的测评等各项提升行动，全方位提升中小学教师队伍的信息素养，从而为教育信息化发展提供人才支撑[1]。

2015年，《国务院关于积极推进"互联网+"行动的指导意见》发布，首度呈现出了"互联网+教育"这一概念的轮廓，鼓励采取新颖的教育服务供应方式，并鼓舞在互联网的支持下探索网络化教育新模式，以便扩展优质教育资源的覆盖范围，并促进教育的公平性[2]。

2016年，《教育信息化"十三五"规划》由教育部发布，明确了以学习者为中心的新型教学方式的构建目标，强调依靠教育信息化构建网络化、数字化、个性化、终身化的教育体系。该规划强调打造"人人皆学、处处能学、时时可学"的学习型社会，指出完成"三通工程"的建设是全面提升教育信息化基础支撑能力的必要条件[3]。2017年，随着互联网产业在中国的大发展，国务院发布了《国家教育事业发展"十三五"规划》，其中明确提出了实施"互联网+教育"培训行动，倡导"互联网+教育"教学新模式，以及发展"互联网+教育"服务新业态的重要性。具体的实施策略如下：加速制度环境的完善进程；不遗余力改善基础

---

[1] 教育部. 教育部关于实施全国中小学教师信息技术应用能力提升工程的意见［EB/OL］.（2013-10-25）［2023-05-19］. http://www.moe.gov.cn/srcsite/A10/s7034/201310/t20131028_159042.html.

[2] 国务院. 国务院关于积极推进"互联网+"行动的指导意见［EB/OL］.（2015-07-01）［2023-05-19］. http://www.gov.cn/zhengce/content/2015-07/04/content_10002.htm.

[3] 教育部. 教育部关于印发《教育信息化"十三五"规划》的通知［EB/OL］.（2016-06-07）［2023-05-19］. http://www.moe.gov.cn/srcsite/A16/s3342/201606/t20160622_269367.html.

条件；推动信息技术与教育的深度融合；着力推进优质教育资源共建共享[①]。

为了满足"互联网+教育"的人才需求，《教师教育振兴行动计划（2018—2022年）》发布，推动了"互联网+教师教育"的创新行动。该计划强调，应充分运用新技术，如云计算、大数据、虚拟现实、人工智能等，以推动教师教育信息化教学服务平台的建设和应用，从而引导教学方式的改革[②]。

在新一代科技如人工智能、大数据、区块链、5G等的飞速发展下，《新一代人工智能发展规划》于2017年由国务院发布，其中，正式提出了"智能教育"的概念。规划中强调，有必要借助智能技术以加速人才培养模式和教学方法的革新，构建包括智能学习和交互式学习在内的全新教育体系[③]。

在"互联网+"、大数据、新一代人工智能等关键策略的影响下，《教育信息化2.0行动计划》于2018年由教育部发布。行动计划中强调了教育信息化在推动教育观念刷新、改革模式、重塑体系方面的关键作用，并着力将我国的教育信息化发展水平提升至全球前列，以此发挥全球引导的作用，并为国际教育信息化的进步贡献中国的智慧与方案[④]。

该行动计划确立了"三全两高一大"的发展目标，涵盖了全体教师的教学应用、全体适龄学生的学习应用、全体学校的数字校园建设，以及信息化应用水平和师生信息素养的普遍提升，同时，构建了"互联网+教育"大平台。行动计划还提出了实施八大行动的计划，包括数字资源服务普及行动、网络学习空间覆盖行动、网络扶智工程攻坚行动、教育治理能力优化行动、百区千校万课引领行动、数字校园规范建设行动、智慧教育创新发展行动，以及信息素养全面提升行动等。

---

① 国务院. 国务院关于印发国家教育事业发展"十三五"规划的通知［EB/OL］.（2017-01-10）［2023-05-19］. http：//www.gov.cn/zhengce/content/2017-01/19/content_5161341.htm.
② 教育部等五部门. 教育部等五部门关于印发《教师教育振兴行动计划（2018—2022年）》的通知［EB/OL］.（2018-02-11）［2023-05-19］. http：//www.moe.gov.cn/srcsite/A10/s7034/201803/t20180323_331063.html.
③ 国务院. 国务院关于印发新一代人工智能发展规划的通知［EB/OL］.（2017-07-08）［2023-05-19］. http：//www.gov.cn/zhengce/content/2017-07/20/content_5211996.htm.
④ 教育部. 教育部关于印发《教育信息化2.0行动计划》的通知［EB/OL］.（2018-04-13）［2023-05-19］. http：//www.moe.gov.cn/srcsite/A16/s3342/201804/t20180425_334188.html.

教育信息化 1.0 阶段，信息化的主要作用在于"促进"和"推动"教育现代化的转型，然而进入 2.0 阶段，信息化的角色不仅作为引擎推动教育现代化，而且应勇立潮头，引领教育现代化的发展方向，其地位进一步显著。

2019 年，中共中央、国务院联合发布《中国教育现代化 2035》，提议应在信息化时代快速推进教育的改革。具体措施包括智能化校园的建设、利用现代技术以加速人才培养模式的改革，并通过教育服务业态的创新和数字教育资源共建共享机制的建立，促进规模化教育与个性化培养的有机结合。同时，还需要推动教育治理方式的变革，以加速现代化教育管理与监测体系的形成[①]。

2019 年，为鼓励教师适应信息化、人工智能等新技术的变革，《教育部关于实施全国中小学教师信息技术应用能力提升工程 2.0 的意见》发布。其目标是到 2022 年实现"三提升一全面"的总体发展目标，包括校长信息化领导力、教师信息化教学能力、培训团队信息化指导能力的显著提升，并全面促进信息技术与教育教学的融合创新发展[②]。

2021 年，教育部发布了《关于加强新时代教育管理信息化工作的通知》。该通知指出，到 2025 年，新时代教育管理信息化制度体系基本形成，信息系统实现优化整合，一体化水平大幅提升，数据实现"一数一源"，打通数据孤岛，充分发挥数据效能，实现在线服务的灵活便捷，深入普及"一网通办"，显著提升服务体验，基本形成现代化的教育管理与监测体系，建立多元参与的应用生态，全面提升教育决策的科学化、管理的精准化、服务的个性化水平，以此支撑构建高质量教育体系[③]。

2023 年，中国教育部部长怀进鹏在世界数字教育大会的主旨演讲《数字变革与教育未来》中指出，中国教育信息化实现了跨越式发展。校园网络接入率达到

---

① 新华社. 中共中央、国务院印发《中国教育现代化2035》［EB/OL］.（2019-02-23）［2023-05-19］. http://www.gov.cn/zhengce/2019-02/23/content_5367987.htm.
② 教育部. 教育部关于实施全国中小学教师信息技术应用能力提升工程2.0的意见［EB/OL］.（2019-03-20）［2023-05-19］. http://www.moe.gov.cn/srcsite/A10/s7034/201904/t20190402_376493.html.
③ 教育部. 教育部关于加强新时代教育管理信息化工作的通知［EB/OL］.（2019-03-20）［2023-05-19］. http://www.moe.gov.cn/srcsite/A16/s3342/202103/t20210322_521669.html.

100%，拥有多媒体教室的中小学校占比达99.5%，大规模应用取得了重大突破，为中国教育发展注入强大动力[①]。

自21世纪初以来，我国教育数字化改革已经深入到教育系统的各个领域。从初期的基础设施建设到现在的"互联网＋教育"和"智能教育"，教育数字化改革已经体现在理念更新、模式变革和体系重构等各个方面。接下来，我国将继续在教育数字化领域创新发展，努力走在世界前列，发挥全球引领作用。

第二节　教育信息化的内涵与特征

一、教育信息化的内涵

教育信息化的历史可以追溯到20世纪90年代，与全球各国对教育信息化建设的关注并行发展。值得一提的是，"信息化"这一词汇大体上源自东方的语言思维模式。在众多国家中，如中国、日本、韩国以及俄罗斯等，"信息化"的使用广泛，然而在西方国家的文献中，"信息化"及"教育信息化"等词汇的出现相对较少，而是倾向于采用E-Education（电子化教育）、Network-Based Education（基于网络的教育）、Online Education（在线教育）、Cyber Education（赛博教育）以及Virtual Education（虚拟教育）等表述。这些表述相较于"教育信息化"，更侧重于描述事物的本质，而"教育信息化"侧重于描绘过程。其中，E-Education（电子化教育）与信息化教育的含义较为接近，其余四个表述则与网络化教育有着更紧密的联系，可以视作教育信息化实践的几种主要形式。

教育信息化的发展程度在21世纪已经升华为衡量教育现代化进程的关键指标。然而，"教育信息化"这一术语至今还缺乏权威的界定。在现行的教育信息化概念定义中，以"过程论"为主的解释占据了主导地位，其中主要包含三个核心

[①] 教育部. 教育部关于加强新时代教育管理信息化工作的通知［EB/OL］.（2019-03-20）［2023-05-19］. http://www.moe.gov.cn/jyb_xwfb/moe_176/202302/t20230213_1044377.html.

观点。

南国农等认为，所谓教育信息化，指在教育中普遍运用现代信息技术，开发教育资源，优化教育过程，以培养和提高学生的信息素养，促进教育现代化的过程[①]。

向磊认为，教育信息化是指在教育与教学领域的各个方面，在先进的教育思想指导下，积极应用信息技术，深入开发、广泛利用信息资源，培养适应信息社会要求的创新人才，加速实现教育现代化的系统工程[②]。

祝智庭认为，教育信息化是指在教育领域全面深入地运用现代化信息技术来促进教育改革和教育发展的过程，其结果必然是形成一种全新的教育形态——信息化教育[③]。

在对教育信息化概念的阐述中，大致从以下角度出发：强调教育信息化作为一个持续演进的过程；明确教育信息化的操作领域，包括开发与运用信息资源，以及使用信息技术进行教育教学；明确教育信息化的目标，即通过优化教育教学过程，提高教学效率。并且他们指出，教育信息化与信息化教育是两个独立的概念。教育信息化代表着信息技术与课程的整合过程，而信息化教育描述的是该整合的结果。

教育信息化被认为是一个持续发展的过程，这个过程是现代信息技术在教育各个领域的全面应用。强调"过程"的原因主要包括以下几点：第一，全面在教育领域应用现代信息技术需要大量的资金投入，同时，信息资源和信息系统的建设也不可能一蹴而就，因此，要实现教育领域的全面信息化，无疑是一个庞大的"系统工程"。第二，信息技术在教育领域的全面应用通常是一个逐渐整合的过程。这种整合导致教育目标、教育内容、教育模式、教育手段、教育评价、教育环境和教育管理等发生一系列的变化，这是一个长期的过程。刘儒德用"四阶段"描述信息技术与教育整合的进程：阶段一，人们将计算机视为一个独特的对象，像物理、化学那样设立一个专门的计算机课程，目的是提高学生的计算机素养；阶

[①] 南国农，李运林，祝智庭，等.信息化教育概论（第2版）[M].北京：高等教育出版社，2011.
[②] 向磊.信息技术与课程整合的理论与实践[J].读写算（教师版）：素质教育论坛，2013（12）：2.
[③] 祝智庭.教育信息化：教育技术的新高地[J].中国电化教育，2001（2）：4.

段二，人们期望计算机能够辅助传统的教学，如进行教学演示或个别化教学，或者辅助教师进行教学管理；阶段三，人们期待进行基于计算机的课程改革，这种课程明显区别于以书本、粉笔、黑板以及幻灯、电视和录像等传统教学媒体为基础的课程；阶段四，人们期待基于信息技术进行全面的教学体系改革，使教学目标、内容、方法和形式甚至学校结构都发生根本性的变化。根据这种观点，目前的教育信息化大致处于第二阶段。第三，信息技术和教育教学理论在持续发展。新的信息技术和新的教育教学理论将带来新的信息技术教育应用。从这个角度看，任何静态的观点对待教育信息化都是错误的，教育信息化是一个动态、循序渐进的过程。

二、教育信息化的特征

（一）教育思想、观念的现代化

教育思想、观念的现代化含义在于教师、学生和教育管理者的全面认知，即他们对自身所需素质以及在教育过程中的地位和作用的深刻理解。教师应具备坚实的教育技术基本理论和信息技术运用能力，同时应塑造全局性的教育观和长久教育观。在教学过程中，教师以学生为中心，充当学生学习的导向者、助推者和促进者，旨在培养学生的创新意识和创新能力。学生则积极主动地掌握现代教育技术环境下的学习方式，主动参与学习活动，通过探究学习问题和揭示知识规律来构建自己的知识体系。管理者应内化教育信息化的教育理念，树立服务意识，致力于改善教育教学条件，积极应对教育信息化的需求，满足各类教学需求，确保教学活动的正常开展。

（二）教材多媒体化

教材多媒体化指利用多种媒体技术，尤其是超媒体技术，打造出结构化、动态化和形象化的教学内容。多媒体化的教材教育信息的环境、选取、存储、变换以及传递等环节的高质量，有效提高了教育信息的处理效能，且让教学内容更丰富；改变了教学内容的表现形式，有助于激发学生的创新思维能力；大幅度提升了教学的效率与质素，课堂上教师与学生的互动增添了教学的生动性和活力，形成了多元化的教学方法。

多媒体化的教材具备如下特性：多元化的感官刺激、信息传递能力强、快速、使用便利、操作简单，以及交互性强。如今，教材及工具书的多媒体化趋势日益显著，它们不仅包含文字和图像，更可以展示声音、动画、视频，以及模拟的三维场景。在这种多媒体学习素材中，各个画面间似乎存在无形的联系，此无形的联系被称为"超链接"，而具有超链接的多媒体被称为"超媒体"。

（三）学习自主化

随着教育领域对于建构主义和人本主义的深度融合，将教师视为引领者、学生视为中心的教育理念逐渐被接受。依赖信息科技来推动自主学习，已经形成了不可阻挡的趋势。在计算机网络环境中，学生的学习过程主要是通过与计算机的交互实现的。电子教材如超文本、超媒体等为自主学习创造了极其方便的条件。

教师、课堂、教材等元素均可视为"变量"，学生可以依据个人的意向，选择最适合自身的学习途径。自主化学习的方式主要是基于引发学生内在需求的机制，有助于激起学生的学习热情，使学生在知识掌握、技能提升以及情感培养等方面得以同步提升。自主化学习的核心教学目标在于培育学生强大的自我学习动力，以及让学生获得自我学习的能力。

（四）学习个性化

"智能导师系统"是一种利用人工智能技术构建的教育辅助系统，其能够根据学生的个性特点和需求提供个性化教学和帮助。当前，技术发展迅速，技术媒体不断更新，然而，不能一味追求新技术媒体的应用。新老技术媒体并非替代、排斥、否定和淘汰的关系，而是继承、融合、创新和发展的关系。在教学中，根据学习对象和学习者的不同，需要合理判断应该采用何种技术媒体来完成任务。由于学习者的思维方式、学习习惯和学习条件各不相同，所以，可以利用信息技术设计不同的媒体组合，构建适应不同学习风格的学习环境。为了实现这一目标，在进行教学设计时，教学内容的呈现方式的确定以及学生学习风格的测定尤为重要，尤其是对认知方式的检测，将成为教学设计的重要依据。

（五）环境虚拟化

教育环境的虚拟化意味着教学活动可以在很大程度上摆脱空间和时间的限制，

只要有网络，学习就可以随时随地进行。这是网络化教育的一个重要特征。目前已经涌现出一系列虚拟化的教育环境，包括虚拟教室、虚拟实验室、虚拟校园、虚拟学社、虚拟图书馆等，从而衍生出虚拟教育。虚拟教育可以分为校内模式和校外模式。校内模式是通过局域网进行在线教育，校外模式是利用广域网进行远程教育。在许多已建设校园网的学校中，充分发挥网络虚拟教育的功能，可以实现虚拟教育与实际教育的结合，使校内教育与校外教育相互衔接，这也是信息化学校未来发展的方向。

（六）学习终身化

"终身学习"和"以人为本"是信息化教育的核心理念，信息化教育环境中的虚拟化在一定程度上为学习终身化奠定了坚实的基础。在现代社会中，知识的更新速度非常快，且随着科技的不断进步，这种速度将进一步加快，周期将进一步缩短。因此，学生在离开学校后需要不断寻求各种学习机会，以掌握所需的知识和技能，以适应信息时代的"信息爆炸"。学校不再是为学生的一生准备一切的场所，而是将学校教育视为人生学习过程中的一个基础阶段。个人从出生到死亡的整个历程都必须是一个持续学习的历程，这标志着终身学习时代的来临。终身学习时代的到来要求社会提供更多学习机会，然而传统的学校教育由于时空的限制无法满足人们的学习需求。而对于网络教育来说，由于其学习环境的虚拟化特性，可以较好地解决这一矛盾。因此，网络教育更能够适应人们未来的学习需求，符合终身学习时代的呼声。网络教育将开创终身学习的新时代。

（七）学习资料共享化

教育信息化，特别是全球教育网络的形成和发展，突破了传统教育资源封闭和垄断的状况。它能够将全球各地的教育资源连接成一个庞大的信息海洋，显著提高全球教育资源的共享程度。这有利于充分利用和提高全球教育资源的效益，同时有助于缩小不同国家和地区之间高等教育发展的差距。网络教育资源具备多种类型，包括教育网站、电子书刊、虚拟图书馆和虚拟软件库等。这些资源的丰富性和多样性为教育提供了更广阔的选择和机遇。如图1-1所示。

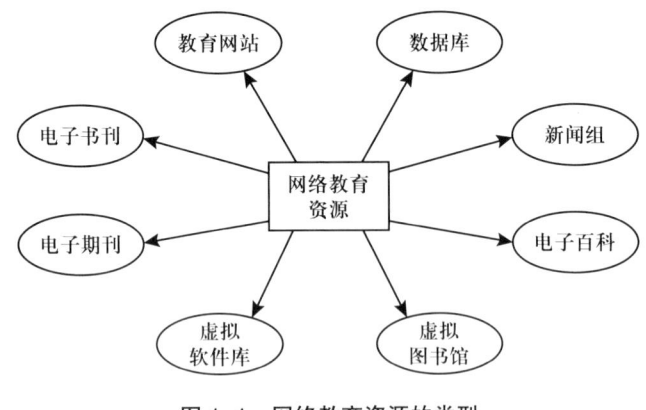

图 1-1 网络教育资源的类型

第三节　教育信息化的目的与意义

一、教育信息化的目的

（一）促进信息技术在教育领域的广泛应用

教育信息化借助信息技术提供了丰富的教学工具和资源，比如电子教科书、在线教学视频、互动学习平台、模拟实验软件等。这些工具和资源丰富了教学手段，可以使教学内容更加生动和具有吸引力，从而增强学生的学习兴趣和参与度。教育信息化使教育活动不再受制于地理位置和时间。学生可以在任何有网络的地方、任何时间接触到优质的教育资源，进行自主学习。这样既提高了学习效率，又方便了学生个性化和灵活的学习需求。信息技术的发展使得教育资源的开放和共享成为可能。教育信息化倡导资源共享，使各地的学校、教师和学生都可以使用和分享优质的教育资源，避免了资源的浪费，提高了教育资源利用的效率。利用信息技术，教师可以方便地组织和管理教学活动，比如在线布置作业、自动批改、跟踪学生学习进度等。这不仅可以节省教师的时间和精力，也可以让教师更准确地掌握学生的学习情况，从而更好地进行教学。

（二）推动教育的改革和发展

教育信息化使得传统的、以教师为主导的教学方式转向以学生为中心的学习方式。借助信息技术，学生可以自主安排学习内容和学习进度，进行个性化学习。此外，通过线上互动平台，学生可以主动参与到课堂讨论和群体协作学习中，从而更好地培养他们的问题解决和团队协作能力。教育信息化提供了更多的教学方法，如反转课堂、混合学习等。这些新型的教学方法可以提供更加丰富和灵活的教学体验，更好地满足学生的学习需求和兴趣。同时，也能鼓励学生进行探索性学习和创新思考，培养他们的创新能力。

（三）培养适应信息社会要求的创新人才

在信息社会中，人才需要具备信息素养和信息技术应用能力。教育信息化通过引入信息技术和数字资源，为学生提供了更广泛的知识获取途径和交流平台。学生可以通过网络搜索、在线学习和协作项目等方式，培养信息获取、分析和创新能力。此外，教育信息化也提供了跨学科和跨文化的学习机会，培养学生的合作与交流能力，为他们未来的职业发展和社会参与打下坚实的基础。另外，提供了许多教师培训和教学改进的工具和资源。例如，教师可以利用数据分析工具来分析学生的学习情况，及时调整教学策略，提高教学效果。在信息化时代，知识更新的速度极快。教育信息化使得教学内容的更新变得更加容易，可以确保学生学习的知识与社会发展同步，满足社会对人才的需求。

（四）促进教育的现代化

现代社会的发展要求教育系统与科技、经济和社会发展相适应。教育信息化为学校和教育机构提供了更高效、便捷的管理和服务手段。学校可以利用信息技术进行学生管理、课程安排和教学评估，提高教育资源的整合和共享效率。此外，教育信息化也推动了家庭教育和终身学习的发展，为个体提供了灵活的学习机会，实现教育资源的全方位覆盖和个性化需求的满足。

二、教育信息化的意义

（一）教育信息化有利于建设学习型社会

教育信息化对建设学习型社会具有深远的影响。在这个信息时代，知识的更新速度快于以往任何时期，这需要社会成员具有终身学习的能力以适应变化的环境。教育信息化正是提供了这样一种可能性。教育信息化通过提供丰富的在线学习资源和学习平台，使得学习不再局限于特定的时间和地点。无论是在家里、在办公室，还是在公园、咖啡店，只要有网络连接，人们就可以进行学习。这种学习方式既灵活又方便，满足了现代人快节奏生活的需求，也使得学习更为自主和个性化。此外，教育信息化推动了知识的共享，这在很大程度上改变了知识传播的方式。传统的知识传播通常是一对一或一对少数的方式，而教育信息化则使得知识可以被大量人共享，加快了知识的传播速度。这不仅使得更多人能够获取到知识，也促进了知识的创新和发展。教育信息化通过数据分析工具，使得学习效果可以被量化和跟踪。通过收集和分析学习数据，学习者可以清楚地了解自己的学习进度和问题，从而调整学习策略。这种基于数据的学习方式使得学习更为有效，也让学习者更加了解自己的学习状态，对于自我提升具有重要的促进作用。

（二）教育信息化有利于素质教育

教育信息化在支持素质教育的实施中具有至关重要的作用。它通过提供多元化的学习资源和教学工具，满足学生个性化学习的需求，推动因材施教的实现。这种丰富多样的信息化环境使得学生能够根据个人的兴趣、特长和学习风格，自由选择最适合自己的学习方式，如个别化教学、小组协作学习、远程实时交互的多媒体教学或者在线学习等。这种学习方式的多样性和灵活性，有助于发展学生的学术能力和兴趣爱好。此外，教育信息化为学生提供了广阔的信息资源和学习工具。学生可以自由检索、收集和处理信息，根据自己的兴趣和需求，进行知识的获取和分析。通过这种方式，学生可以提升信息处理能力，锻炼独立思考和创新能力。在这个过程中，学生也能学会如何发现和解决问题，从而在实践中增强自身的能力。在教育信息化环境下，学生不仅可以获取书本知识，也有机会参与项目学习、实践活动和研究性学习。这些活动让学生有机会应用他们学到的知识，同时帮助他们培养批判性思维、创造性思维和解决问题的能力。网络资源为学生提供了形象化的学习内容，使抽象的概念变得形象直观。例如，通过模拟实验和虚拟实践，学生可以更好地理解学科知识。这种形象化的学习方式，不仅使学生的学习更加生动有趣，还有助于培养他们的理解、应用和创新能力。同时，海量的网络资源为学生提供了多元化的情境和案例。他们可以在真实的情境中理解和感知真、善、美的价值，同时，能通过对比和分析一些不良行为和消极现象，提高自己对负面价值观念的警觉性。

（三）教育信息化有利于教育革新

教育信息化在推动教育革新上发挥着关键作用。信息技术的广泛应用，为教育改革开启了新的路径，提供了新的工具，激发了新的思想。教育信息化的实现，推动了教育方式的改革。过去以教师为中心的教学方式，正在逐步向以学生为中心的方式转变。这种转变，使得学生能够根据自身的学习速度、兴趣和需求而选择和规划学习内容，使学习更加主动，教育更加个性化。通过信息技术，教育信息化为教育工作提供了便捷高效的服务手段。这包括使用信息系统进行学生管理、课程安排、教学评估等工作，能够大大提高教育管理的效率。此外，教育信息化还为教育资源的共享和整合提供了可能，推动了教育资源的均衡和公平利用。教育信息化还推动了教育方法的创新，多媒体教学、网络教学、远程教学等新型教学方式得到了广泛应用。这些新型教学方式以学生为中心，注重启发学生的主动性和创新性，有利于培养学生的综合素质和创新能力。教育信息化对于学习内容的更新也起到了重要作用。通过网络和数字化技术，教育信息化使得最新的知识能够快速地传播到学生中，保证了学习内容的时效性和前瞻性。另外，教育信息化对教师角色的转变也有重要影响。在信息化教育环境下，教师不再仅仅是知识的传授者，更成为了学生学习的引导者和助推者。教师需要具备更高的信息素养和教育技术应用能力，这也促进了教师的专业发展。教育信息化正在全面推动教育的革新，包括教育方式的改革、教育工作的便捷化、教育方法的创新、学习内容的更新和教师角色的转变等方面。这些革新有力地推动了教育的现代化进程，提高了教育的质量和效率，也为满足现代社会对人才的需求提供了有力保障。

第四节 教育信息化的要素与内容

一、教育信息化的要素

（一）信息网络

信息网络是教育信息化建设的重要要素之一，为教育信息化提供了广阔的平台。在我国，已经建成并启用了一系列的信息网络基础设施，为教育信息化提供了有力支持。中国教育与科研网（CERNET）是我国教育信息化的骨干网络，它连接了全国各级学校和教育机构，为师生提供了高速、稳定的互联网接入。CERNET 的建设和运营，不仅促进了教育资源的共享和交流，也提升了教育教学的质量和效率。中国卫星宽带远程教育网络为偏远地区的学校和学生提供了教育资源的远程访问和交流平台。通过卫星通信技术，教育资源可以跨越地理限制，为边远地区的学生提供优质的教育服务，缩小了地区间的教育差距。中小学"校校通"工程和高校"数字校园"建设工程的实施，以及中小学远程教育建设工程的推进，进一步完善了学校的信息网络基础设施。多媒体综合电教室、计算机网络教室、语言实验室、电子阅览室、闭路电视系统等设施的建设和运用，为教师和学生提供了丰富多样的教学资源和互动学习环境。这些信息网络基础设施的建设为我国的教育信息化奠定了坚实的基础。它们提供了高速、可靠的网络连接，为教育资源的共享、教学方法的创新、学习环境的优化等创造了条件。

（二）信息资源

信息资源是教育信息化的核心要素，包括适用于教育和教学过程的各种信息资源。信息资源的开发和利用对于教育信息化建设的成败至关重要。教育信息资源可分为两大类：教育软件资源和教育管理信息资源。

1. 教育软件资源

教育软件资源指以教育信息载体为核心的资源，其中包括多媒体教育信息资源、图书情报信息资源、各种工具类资源以及 Internet 资源。多媒体教育信息资源指以多媒体素材、各类 CAI 课件、网络课程等为主的资源。它利用图像、声音、视频等多媒体元素，通过多样化的展示方式和互动性的学习方式，提供丰富的教学内容和学习资源，丰富了教学形式，激发了学生的学习兴趣和积极性。图书情报信息资源以文献资料查阅和检索服务为主，为教师和学生提供了广泛的学习资料和参考文献。通过图书馆、在线数据库等渠道，教师可以获取各个学科领域的最新研究成果和知识资料，学生通过阅读和研究丰富自己的知识储备。工具类资源主要指为教育信息资源的生成、分析、处理、传递和利用提供支持的各种工具和软件。它们可以帮助教师进行教学设计和课程开发，支持教学过程中的数据分析和评估，提供在线学习和协作学习的平台等，有效提升教学质量和效果。

2. 教育管理信息资源

教育管理信息资源主要是为实施现代教育管理而建立的各类数据库资源。它涵盖了教育者、教育内容、教育对象、教育资源及其支持服务体系等方面的信息，为教育管理人员提供了决策和管理的依据。这些信息资源可以支持学校的招生管理、教务管理、学生管理、教师管理等各个方面的工作，提高教育管理的效率和水平。

（三）信息技术应用

信息技术应用是教育信息化建设的根本出发点和直接目的，它是将信息技术应用于教育领域、推动教育现代化的关键环节。在教育信息化的过程中，应重视四个方面的工作。

第一，潜件建设是信息技术应用的重要基础。潜件建设涉及与思想理论和方法密切相关的方面，它决定了信息技术应用的方向和质量。在教育信息化建设中，应关注教育目标和教学理念的转变，将信息技术有机地融入教学过程中，实现教育教学的创新和改进。

第二，建立与当地教育信息化建设环境、教育对象以及教育内容相适应的信息化教育模式。不同地区和学校的教育信息化水平和需求不同，因此应根据实际情况，制定符合当地特点和需求的信息化教育模式。这包括建立适合不同学科、不同年级的信息技术课程体系，培养学生的信息素养和创新能力，以及提供教师的信息技术培训和支持，确保信息技术应用与教学实践的紧密结合。

第三，提高人们应用信息技术的兴趣和基本技能。在教育信息化的推进过程中，应注重培养师生对信息技术的积极兴趣和基本应用能力。教师要不断提升自己的信息技术水平，掌握信息技术在教学中的应用方法和策略，灵活运用各种教育软件和工具，丰富教学内容，激发学生的学习兴趣。

第四，在不同层次上开展信息技术与课程整合的理论研究和实践。信息技术与课程的整合是教育信息化的重要任务之一。通过将信息技术与各学科课程有机结合，设计、开发适合不同学科及学段的教育软件和网络资源，可以提高课程的灵活性和互动性，激发学生的学习兴趣和创造力。

（四）信息技术和产业

信息技术指对信息进行采集、加工、存储、交流、应用的手段和方法的体系，它由信息媒体和信息媒体应用的方法两个要素组成。作为教育信息化的技术支柱和驱动力，信息技术在教育领域发挥着重要作用。

信息技术的发展涉及不同形态的技术手段，包括印刷媒体、电子媒体、计算机网络等。这些媒体以物化形态存在，为信息的传播和存储提供了基础。另外，信息技术还包括智能化的方法和应用，即运用信息媒体对各种信息进行采集、加工、存储、交流和应用的智能形态技术。信息技术的核心是信息的数字化和传输的网络化，通过数字化处理和网络传输，信息可以被更加高效地获取、共享和利用。

在教育信息化过程中，信息技术的研究和应用对于提升教育质量及效果至关重要。通过开展信息技术研究，可以不断丰富教育信息化的研究内容，探索和应用新的、更加有效的技术手段及方法，从而提高教育的质量和效果。信息技术的不断创新和应用能够为教育提供更多元化、个性化的学习资源和工具，拓展教学手段和方法，促进教育变革和创新。

此外，信息技术产业在教育信息化中有重要的支撑和推动作用。信息技术产业主要包括信息技术设备制造业和信息技术服务业。在教育信息化过程中，各个社会部门需要协同合作，共同推动信息技术产业的发展。教育系统、科研院所和相关企业等应共同参与教育信息技术产品的制造，以满足教育的需求。同时，重点将精力集中在教育信息资源的开发和利用上，构建完善的教育信息化服务体系，提供高质量的教育信息化服务。

（五）信息化人才

教育信息化的实现离不开具备信息技术知识和应用能力的人才。为了推动教育信息化，需要培养大量的教育信息化人才。教育信息化人才可以分为通识型和专业型两类。

通识型教育信息化人才指在教育领域从事教育、教学、管理以及其他服务工作的人员，他们需要掌握信息技术的基本知识、能力和素质。这包括获取、分析和处理信息的基本能力，以及对信息技术在教育领域的应用有一定的了解和能力。通识型教育信息化人才在教育现代化进程中发挥着重要的作用，他们能够运用信息技术提升教学效果、管理教育资源，以及支持学生的学习和发展。

专业型教育信息化人才则更加专注于教育信息化的研究、开发、应用和维护工作。他们是从事教育信息技术物态化和智能形态技术的专门人才，涉及高级软件开发、网络工程和微电子技术等领域。这些人才具备更深入的技术专业知识和技能，能够研发和应用先进的信息技术工具及系统，为教育信息化提供技术支持和解决方案。

高等学校作为信息化人才培养的重要基地，承担着培养通识型和专业型教育信息化人才的责任。一方面，高校应该关注教育行业的信息化需求，为通识型教育信息化人才和专业型教育信息化人才提供相关的教育及培训；另一方面，高校承担着为整个社会培养信息化人才的任务，通过开设相关专业和课程，培养具备信息技术知识和应用能力的毕业生，为社会各行各业的信息化需求提供支持。

二、教育信息化的内容

（一）教育环境的信息化

教育环境的信息化涉及运用信息技术构建和优化教育环境。具体来说，这意味着把传统的教学环境转变为数字化的环境，以便更好地适应现代社会的发展需求。在这个过程中，学校的信息基础设施建设占据了关键位置。例如，校园网络的建设是基础，它可以确保信息的高效传输，支持在线学习和远程教学。计算机教室、智能教室等现代化教室的建设，则提供了物理环境的支持，让师生可以方便地使用信息技术进行学习和教学。此外，教育资源的数字化也是教育环境信息化的重要内容，包括将教材、课程、图书等教育资源数字化，使之可以在网络上进行分享和传播。这使得教育资源的获取和使用更加便捷，也为资源的共享和交流提供了可能。学校环境的信息化，并非只是技术上的改变，而应该以提高教育质量和效率为目标，满足学生的学习需求，培养学生的信息素养和创新能力。学校可以利用信息技术提供个性化的学习服务，如智能推荐系统可以根据学生的学习进程和兴趣，推荐合适的学习资源和学习路径。

（二）教师与学生的信息化

教师与学生的信息化体现在提高他们的信息素养，使他们能够有效地使用信息技术进行教学和学习。教师的信息化要求教师具备良好的信息技术应用能力，这包括基本的计算机操作能力，如文字处理、表格处理、网络搜索等，更包括掌握并应用各种教育技术工具，如多媒体制作、在线教学平台、学习管理系统等。此外，教师需要学习和掌握信息技术的教学应用方法，将信息技术有效地融入到教学中，以提高教学效果。学生的信息化是培养他们的信息素养，使他们能够在信息化的环境中有效地学习。这包括基本的计算机操作能力和网络应用能力，如文档处理、信息检索、网络学习等。更重要的是，学生应该学会如何在海量的信息中筛选有用的信息，如何分析和评估信息的真实性和可靠性，如何将获取的信息转化为知识，以及如何使用信息解决问题。教师与学生的信息化意味着改变他们的教学和学习方式。在信息化的环境中，教师不再是知识的唯一传递者，而是学生学习的指导者和协助者。学生不再是被动的接受者，而是需要主动参与和探索的学习者。

（三）教育过程的信息化

教育过程的信息化强调在教学活动中融入信息技术，以丰富和优化教学方式、提高教学效果。为了实现教育过程的信息化，需要将信息技术应用到教学设计、教学实施和教学评价等各个环节。在教学设计阶段，教师可以利用信息技术设计多媒体教学内容，制作交互式的学习资源，构建在线教学平台。在教学实施阶段，教师可以利用信息技术提供丰富多样的教学方式，如视频教学、网络讨论、在线测试等。在教学评价阶段，教师可以利用信息技术进行学生学习过程的跟踪和分析，实时反馈学生的学习情况，进行针对性的教学调整。信息化的教育过程不仅仅局限在课堂内，更延伸到课堂外。学生可以在课后利用网络进行自主学习，进行在线答疑、作业提交、成绩查询等。通过信息化手段，教师和学生之间的沟通变得更加方便，可以在任何时间、任何地点进行交流和反馈，进一步促进学生的学习。教育过程的信息化需要教师和学生的共同参与，需要他们共同探索适合自己的教学方式和学习方式。在这个过程中，需要注重保护学生的信息安全，防止信息技术的滥用和误用，以提高学生的信息素养和信息道德。

第二章 师范生信息化教学能力研究

第一节 师范生培养概述

一、师范生与培养

（一）师范生

"师范生"这个词在中国广泛使用，一般指在师范大学或师范学院接受教育并且准备成为教师的学生。他们是未来的教师，致力于成为中学、小学或幼儿园的教师。他们的专业方向通常属于教育，有明确的就业目标，那就是在各级各类的学校或教育机构从事教学与管理工作。

师范生所接受的教育和训练被认为是至关重要的。他们在学校中会接受专业教育和训练，学习如何进行有效的教学，这包括课程设计、教学策略、评估方法，以及如何理解和适应不同学生的学习需求。他们还会学习关于教育心理学、教育法律和教育行政等方面的知识。师范生处于教师生涯的预备阶段，是教师行业的储备人才，表现出理想主义、活力、创意、接纳新观念、积极进取、努力向上等特征。

毕业后的师范生将承担教师的角色，向学生传递人类科学文化知识和技能，发展学生的体质，对学生进行思想道德教育，培养学生高尚的审美情趣，把受教育者培养成社会需要的人才。他们的工作非常重要，因为他们将影响和塑造无数的年轻生命，帮助他们获取知识，发展技能，以及培养良好的人格和价值观。因此，师范生是教育系统中非常关键的一部分，他们是未来教育事业的生力军。

（二）培养

在《现代汉语词典》中，"培养"一词的诠释有两层含义：其一是在适宜的环境下促进生物繁衍，例如细菌的培养；其二是根据特定目标，长期对人进行教育和训练以促进他们的成长，例如人才或接班人的培养。在此研究中，所讨论的"培养"显然指第二种含义。由于人类的培养行为具有明确的目标性，所以基本目标是使被培养者获得持续的发展[1]。

在《教育大辞典》中，"培养"被解释为教育者通过教育使受教育者掌握系统化的科学文化知识和技能，形成良好的思想品德，并且保持身体健康的过程。这个定义和"教育"的内涵相符，可以将"培养全面发展的人"理解为"通过教育使学生全面发展"[2]。简单来说，"培养"是一个按照确定目标，对受教育者进行长期教育和训练的系统过程，可以划分为多个阶段，如学前教育阶段、基础教育阶段、高等教育阶段以及在职教育阶段。

在本书中，主要关注高等教育阶段的师范生的信息化教学能力培养问题。选择"培养"而不是"发展"作为研究的核心概念，是基于多年的师范生教学经验。大部分师范生对于技术的运用仍然停留在初级阶段，没有将技术有意识地融入到教学中。为了改变这种现象，必须对他们进行培养，而且这个培养的过程必须与他们的教学实践相结合。在此过程中，需要持续地指导他们如何整合和应用技术，使他们逐渐接受并创新地应用技术于教学。

二、师范生培养内容

根据当前的师范生培养政策目标，师范大学需立足于选拔与培养热衷教学、适应教学、擅长教学的潜力型教师，从而铺就他们向优秀教师成长的稳健途径。期望现如今的师范生能够蜕变为未来的卓越教师是人所共愿，但确实无法保证每一位师范生都能成功蜕变为优秀的教师。毫无疑忌，教师的专业发展是一个阶段

---

[1] 中国社会科学院语言研究所词典编辑室编.现代汉语词典[M].北京：商务印书馆，1983.
[2] 顾明远.教育大辞典[M].乌鲁木齐：新疆人民出版社，2002.

多样、时间跨度长的过程，这个过程既取决于师范生的自身素质、师范教育的培养质量和从教之后的专业发展支持，也与社会整体、教育行业的大环境改变密切相关。然而，目前而言，即使只是教师专业发展的起点，师范生的职前培养也被认为是教师专业发展最为关键的阶段。故而，师范大学需着力推动师范生培养的革新，为未来优秀教师的专业发展提供充足的支持。

在师范生的培养过程中，需处理的目标元素众多，包括知识、技能、信念、能力等诸多方面。为实现理想的培养效果，师范大学必须在教育知识与教学技能、学科专业与教育职业、教育信念与教育能力之间做出选择。但是，不可忽视的一点是，师范大学必须清晰认识到，师范生的培养环节，核心目标仍然是为未来的教师提供足量和有效的知识储备。只有在这些师范生实际走上教师岗位，得到所在学校的专业发展支持，依赖培养阶段的知识储备，才能促进其教育教学能力的持续发展。因师范生的学习时间有限，学习资源有限，在有限的时间和资源的制约下，他们所需储备的知识内容，可能比知识储备的方式更具讨论的价值。

（一）知识与技能

在教学领域，优秀的教育者往往能在课堂教学中展现出轻松熟练、应变能力强的特质，这似乎是他们精妙运用教学技能的结果。不错，卓越的教育者所运用的教学技能，都恰到好处地解答了他们所遇到的教学难题，正是在这种对众所周知的教学技巧的熟练驾驭中，展现了他们独有的教学魅力。显然，基于这样的理解，在师范生的培养过程中，教学技能训练很容易被置于优先地位，也容易作为衡量师范生培养质量的评价标准。然而，教学技能是否仅靠训练就能得到？这些娴熟的教学技能最终服务于何处？教师如何掌握并运用这些教学技能？对教师的持久发展而言，教学技能还是主导角色么？当深入思考这些问题时，人们会发现知识是技能背后的隐藏基石，对于教育教学来说，知识是基础且支撑性的教育教学元素，它更主导着教学技能的应用。只有教师掌握了充足的知识，技能才能发挥出应有的作用，有了知识的支持，教学技能才有可能得到不断的提升。在缺少充足的知识支撑时，试图仅靠增强技能训练来培养优秀的教师，从根本上说，是错误的，更不能实现教师的可持续发展。只有教师在学习知识过程中获取的学习能力，教师在理解知识过程中形成的思维能力，教师在运用知识过程中形成的批判能力，才能成为推动教师职业生涯持续发展的驱动力。在这个过程中，绝不否认教学技能的价值和重要性，但应强调，在关注教学技能的价值和重要性时，不能否认知识在教师发展中的主导地位，及其对教师教学技能形成具有的独特的内在功能。因此，师范大学在培养师范生过程中，仍应一如既往地关注师范生的知识积累，帮助其夯实专业基础、扩大知识视野、了解知识前沿，使他们成为在专业领域具有深厚基础和潜力的人才。

（二）专业和职业

师范生在专业和职业教育的路上面临着选择的困扰。这源于学科专业教育和教师职业教育的冲突，随着分科教学的普及，这种冲突变得越来越明显。正因如此，对于师范生来说，究竟是更加强调学科专业课程，还是增加教育类课程，是一个始终困扰他们的问题。

对于这一问题，有两个核心问题需要解答。首先，专业知识和教育职业知识哪一个更能够促进师范生专业水平的可持续发展？其次，在师范生培养阶段，为师范生奠定哪个方面的知识基础更有价值，以及会对其职业生涯产生怎样深远的影响？在探讨这两个问题时，一个有趣的现象值得注意：教师的学科专业知识往往是在大学四年内一次性成形的，这决定了他们对知识的理解，影响了他们的知识视野和潜力。与此相比，从教师继续教育的需求及其内容设置看，教育类知识的培训及其补充效果更为明显。因此，要回答这个问题，必须首先考虑这个现象。

在师范生的教育过程中，一个不可回避的问题是，由于缺乏实际的教学体验，他们对于学校提供的教育课程只能从知识的角度来理解和掌握，很难对教育类课程有情境性和功能性的理解。这使得教育类课程的效率低下，难以理解和掌握，同时使得师范生很难建立起和实际教学经验的关联。

因此，就知识的学习而言，大学四年应给予师范生充分而有效的专业知识的储备，以打下坚实的专业知识基础。对于师范生从教育的视角看待知识的再现，也会产生积极的作用。

（三）信念和能力

在专业培养领域，无论是哪个专业，培养出的人才对本专业的热爱和投入都是非常重要的，这既能体现在专业实践的表现上，也显现在专业研究的成果中，在师范教育中存在同样的期待。然而，这引发了一个引人深思的问题：对于师范生来说，他们是先产生从教的信念，并在这种信念的驱动下获取教育能力，还是在已经拥有教育能力的基础上，通过实践来巩固和加强他们的教育信念呢？

从教育实践的视角看，对教育活动理解不足的师范生，缺乏对学生责任感的师范生，或者不具备教育实践能力的师范生，很难说他们已经建立起坚定的教育信念。即便他们宣称自己已经拥有了从教的信念，但这种信念能否经受住教育实践的挑战和冲击，还需要进一步的观察和检验。因此，师范生的教育信念并不是被强加的，也并非完全在教育能力培养过程中形成。当师范生直接与学生接触并形成责任感时，这种责任感可以诱发教育信念的产生。当师范生具备了教育实践的能力，并在教育实践中感受到成就感时，这种成就感可以巩固他们的教育信念。当师范生参与到教育实践中，通过实践取得成功，从而感受到效能感时，这种效能感可以深化他们的教育信念。

三、师范生培养过程

（一）选拔与培养

优秀教师的形成既涉及选拔过程也涉及培养过程。优秀教师通常具备一些独有的特征和素质，这些特征可能在四年师范教育中无法完全培养出来。师范教育的目标是为学生提供专业知识和教育技能，但它并不一定能够培养出所有与成为优秀教师相关的特质。

师范大学的选拔过程应该注重选择最适合成为教师的学生，而不仅仅是选择最聪明的学生。虽然聪明的学生可能在各个领域都有广泛的适应性，但并不意味着他们都适合成为教师。教师需要具备与教育相关的特定素质，如沟通能力、情商、责任感、耐心等。因此，在招收师范生时，应该着重考查学生是否具备这些素质，而不仅仅看重他们的智力。

师范教育的任务是在学生进入师范大学后进一步培养他们成为合格的教师。这个过程包括专业知识的学习、实践经验的积累、教育理论的研究等。师范教育的目的是帮助学生掌握教学技能，并培养他们成为有影响力和贡献的教育专业人士。虽然师范教育的时间有限，但它仍然能够为学生提供必要的工具和指导，使他们在未来的教育实践中有所准备。

因此，优秀教师的形成是选拔与培养相结合的结果。选拔过程应该注重选择适合成为教师的学生，而培养过程需要师范教育机构提供必要的教育和培训，以帮助学生发展成为优秀教师。

（二）期望与成效

为了培养优秀教师，制订全面且可行的培养计划是至关重要的。在师范生入学之前，学校会制订一份较为完善的培养计划，其中的培养目标往往是理想化的。这种理想化主要体现在两个方面：一是将培养目标设定得较高，要求师范生具备更多的知识、能力和技能；二是从课程组合和实践训练出发，逻辑推理得出培养目标。然而，实现从逻辑推理到实践检验需要一个完善的培养质量反馈与调整机制。这个反馈与调整机制应该内嵌于培养计划中，以确保培养过程的有效性和灵活性。如果缺乏这样的机制，对培养过程的调整就可能违背原本的计划，导致师范生的培养过程过于僵化。

此外，尽管设置较高的培养目标有助于提升整个培养平台的水平，但当学生在知识、能力和技能方面的表现不理想时，需要采取相应的措施。在处理这种情况时，一方面，要考虑如何保护学生的学习兴趣，避免他们因过高的培养压力而失去学习的热情和自信心；另一方面，需要思考如何进行补偿教育或技能补训，以弥补学生不理想的培养情况。这些不理想的情况往往没有在培养计划中得到充分考虑，但却是师范生从事教育岗位所必须具备的技能和能力。

（三）阶段与整体

尽管师范生的成长过程难以明确定义为不同阶段，但师范生的培养过程可以划分为不同阶段。师范生的成长并没有明显的阶段性特征，因此很难说一位优秀教师是受益于哪个阶段的教育而形成的。因此，在师范生的培养过程中，需要特别重视阶段性目标与整体性目标之间的关系。如果将阶段性目标视为整体性目标，可能会使得师范教育在短期内显得非常成功，但对师范生长期的专业发展并不具有益处。由于本科阶段的师范教育只有短短的四年，需要考虑这四年的教育是为师范生走上工作岗位做准备，还是为他们未来一生的职业发展和幸福生活做准备。这是一个考验师范教育战略眼光的问题。刚走上工作岗位的教师最需要的是教学技能和班级管理的技巧，但师范教育是否仅仅提供这些呢？如果要为师范生的职业发展考虑，他们肯定需要扎实的专业知识和广泛的教育知识，但拥有这些知识是否能带来幸福呢？此外，师范生在本科毕业后可能继续攻读教育硕士学位，或接受各种培训，这进一步需要思考如何在短短的四年师范教育中夯实师范生的专业基础，而不是将所有教师职业所需的技能都放在四年师范教育中。

四、师范生培养保障

（一）主体与协同

教师对学生的影响是全面的，成为一个优秀的教师需要成为一个完善的人，以有效地完成对学生的全面影响。因此，只有师范生成为完善的人，才有可能成为真正优秀的教师。然而，仅仅依靠师范大学难以完成这一重要任务。对于师范生而言，理论知识的习得固然重要，但将理论知识应用于教育实践同样不可忽视。师范大学在理论知识方面具有优势，但在教育实践方面存在劣势。这意味着，缺乏中小学校对师范培养过程的参与，无法培养出理论与实践相结合的优秀教师。同时，培养教师的专业素养固然重要，但培养良好的生活素养也不可忽视。这需要更多的社会机构参与师范生的培养，同时需要师范生更主动地参与其他社会机构的工作。因此，为了培养出真正优秀的教师，需要综合利用师范大学、中小学校和其他社会机构的资源。师范大学应该提供扎实的理论知识和教育实践机会，中小学校应该提供实践场景和指导教师的机会，而其他社会机构则可以帮助培养师范生的生活素养和社会适应能力。通过这样的综合培养模式，可以培养出具备理论与实践相结合、专业素养与生活素养兼备的优秀教师。

（二）研究与培养

师范生不仅仅是今天的教师，更是未来的教师。即使是现在的教师，他们所培养的学生也不仅仅是为了当前，而是为了未来。这意味着在培养师范生时，必须关注教育的前瞻性。教育的前瞻性主要体现在两个方面：一方面是深入研究和遵循教师成长规律，因为如果缺乏对教师成长规律的探索和遵循，教师的成长将无法顺利进行；另一方面是通过对教育变化和教师需求的科学预测，推理出未来需要什么样的教师以及未来教师所需的能力和素养。因此，师范生的培养离不开教育研究的支持。将教育研究成果融入课程并实践化，是师范生培养过程中的重要内容。然而，目前存在着师范大学教育研究与师范生培养脱节的问题。大学具有科学研究、人才培养和服务社会三大功能，而在教育领域中，科学研究与服务社会的结合相对较紧密，但科学研究与人才培养之间的脱节十分明显。科学研究与人才培养之间的脱节，不仅不利于提升师范生培养质量，还妨碍了师范生的研究意识和研究能力的培养。这使师范生在职业发展中缺乏进行教育研究的意识和能力。因此，为了更好地培养师范生，需要更加紧密地将科学研究与人才培养结合起来。这意味着师范大学应该加强对教育研究与师范生培养之间的联系，通过将教育研究成果应用于师范生的培养过程中，可以提高培养质量，并培养出具备研究意识和研究能力的师范生。

提高师范生培养质量是改善整体教育质量的关键之一。在没有一支优秀的教师队伍的情况下，教育质量的提升只是一种理想，教育改革的推进也只是一种理想。而教育素养出色的师范生则是构建优秀教师队伍的基本保障。尽管在职教师的培训对于塑造优秀教师起到积极作用，但师范教育为教师奠定了从业基础，基本上规划了他们的职业方向。因此，对师范教育的基本内容进行深入研究，为优秀教师提供知识储备；认真分析师范教育的基本过程，丰富优秀教师的成长经历；客观审视师范教育的培养资源，为优秀教师提供资源保障，对于师范生的培养具有重要意义。

第二节　师范生信息化教学能力相关概念

一、能力

在深度分析人类在社会中存活的基本条件时，不可避免地会涉及"能力"这一核心概念。能力的广泛性和复杂性导致了各个学者对其给予不同的解读。吴作仁在《教育辞典》中明确提出，能力乃是成功执行某项任务或行为所必需的内在条件的总和，它构成了影响活动效果的基础元素[①]。李孝忠则从心理学的视角出发，将能力定义为实现某种行为必备的个性心理特质，表现在心理活动中[②]。郑其恭和李冠乾进一步阐明，能力是个体在认识和改革客观世界的活动中，决定活动能否有效实施和完成的心理特质或素质的汇集[③]。

据此，可以归纳出能力本质上是为了实现特定目标或行为所展现的心理特质和综合素质。每项活动的成功完成都依赖于人的多种能力的有机融合。能力和活动之间的联系密切至极，能力无疑是活动顺利进行的最关键的内在因素。

二、教学能力

在教学实践中，教师的教学能力发挥着不可或缺的作用，直接影响其职能和影响力。师范生在教育阶段的教学能力培育，尤其是在校阶段的能力形成，对职前教师的教学实践起始点，以及未来教师专业发展的核心领域，起着至关重要的作用。为了明确教师教学能力的概念，学界展开了热烈的讨论。

任训学研究教学能力的构成因素，概括出教学设计能力、课堂讲授能力、调动学生主体性能力、测评能力、教学研究能力以及现代化教学媒体应用能力等几

---

① 吴作仁. 教育辞典［M］. 南昌：江西教育出版社，1987.
② 李孝忠. 能力心理学［M］. 西安：陕西人民教育出版社，1985.
③ 郑其恭，李冠乾. 教师的能力结构［M］. 广州：广东教育出版社，1993.

个主要方面[1]。申继亮和王凯荣对教学能力的性质、结构和动态进行了解析，强调教师教学能力是一般能力与特殊能力的有机结合，并通过特定能力来表现[2]。罗树华和李洪珍从教学目的的视角出发，阐释教师教学能力为利用特定教材或方式进行教学活动、实现教学目标的能力[3]。徐继红从教学能力的性质和目标角度，将其视为能力的一个子类，是一种独特的能力，是指教师为推动学生发展，顺利进行教学实践活动所需的多维度特性的整合[4]。

对于众多学者的研究进行整合与概括后，笔者认为，教学能力被理解为教师成功开展教学活动、达成教学目标以及实现优质教学的基础能力集合，主要元素包括教学认知能力、教学设计能力、教学管理能力、教学评价能力等。因此，师范生需在教育教学的基础上持续积累、拓宽视野、提升能力，以此来提高教学能力，为未来的职业发展奠定稳固的基石。

三、信息化教学能力

当前，我国学术领域对于教师信息化教学能力的研究呈现出丰富而活跃的景象，深度剖析了信息化教学能力的构成、内涵以及培养方式等，对于推进教育信息化建设具有至关重要的意义。然而，由于信息化教学能力自身的复杂性，对于其概念定义的研究始终存在一定分歧。各个专家和学者根据自身的研究视角提出了不同的定义，如表2-1所示。

表2-1 对信息化教学能力的概念梳理

研究角度	研究者	具体概念
职业素养	胡小勇、祝智庭[5]	信息化教学能力是在信息化教学形态下教师独立于其他教学参与者的核心素养

---

[1] 任训学.中学教师教学能力的调查报告[J].湖北大学学报（哲学社会科学版），2000（2）：99-103.
[2] 申继亮，王凯荣.论教师的教学能力[J].北京师范大学学报（人文社会科学版），2000（1）：64-71.
[3] 罗树华，李洪珍.教师能力概论[M].济南：山东教育出版社，2001.
[4] 徐继红.高校教师教学能力结构模型研究[D].东北师范大学博士学位论文，2013.
[5] 胡小勇，祝智庭.信息化视野中的教师教育[J].中国电化教育，2003（6）：25-27.

续表

研究角度	研究者	具体概念
教学目的	王卫军[①]	信息化教学能力是指将信息化教学资源有效应用到教学活动中，完成规定的教学工作任务的综合实践能力，从而实现学生全面发展的终极目的
	李娟、张家铭[②]	信息化教学能力是教师为了满足现代教育发展需要，提高自身信息化教学技能、意识与态度、教学实施与研发的能力
教学过程	肖桐等[③]	信息化教学能力是教师为了实现教学过程最优化，促进学生的发展，充分运用先进的信息技术资源，将教学过程的各个要素与环节科学有序安排的能力
教学技术	张莹等[④]	信息化教学能力是教师以科学的教育教学理论为基础，利用先进的信息技术手段支持教学活动，从而提高教学质量、完成教学任务的能力
	林雯[⑤]	信息化教学能力是指教师以现代教育技术设备为载体，以先进的教学理念为指导，有效利用信息化教学资源与教学方法，从而顺利开展教学活动的能力
系统	赵健、郭绍青[⑥]	信息化教学能力是指教师在促进学生转变学习方式，提高学生的信息素养的过程中，运用信息传播技术支持教学实施、教学设计与教学评价等教学方法对信息技术环境和信息化学习资源的综合利用的能力

尽管不同的研究者对信息化教学能力的概念定义有所区分，但在我国，专家与学者的研究基本上是从教师信息化教学能力的构成进行探索的。经过对教师信息化教学能力概念的细致整理，对于信息化教学能力的内在含义有了更为明晰的

[①] 王卫军. 信息化教学能力：挑战信息化社会的教师［J］. 现代远距离教育，2012（2）：45–53.
[②] 李娟，张家铭. 甘肃省农村中小学教师信息化教学能力发展策略研究［J］. 电化教育研究，2011（7）：107–111.
[③] 肖桐，杨磊，易连云. 义务教育阶段教师信息化教学能力的多维测度研究［J］. 当代教育科学，2016（8）：57–61.
[④] 张莹，吴素超，胡永翔. "互联网+"时代高校教师信息化教学能力发展的调查研究［J］. 中国成人教育，2016（17）：69–71.
[⑤] 林雯. 论师范生信息化教学能力培养［J］. 教育评论，2012（3）：60–62.
[⑥] 赵健，郭绍青. 信息化教学能力研究综述［J］. 现代远距离教育，2010（4）：28–31.

理解：信息化教学能力并非仅仅是技术和教学能力的简单堆积，而是指向复杂学习环境中技术与教学深度融合、创新能力的重构。

四、师范生信息化教学能力

师范生应具备的信息化教学能力与在职教师存在诸多相似之处，然而由于师范生同时承担未来教师与当前学生的双重角色，在教学实践、课程学习、科研创新等方面与在职教师显现出显著的区别。他们不仅需要具备技术素养，还需要拥有利用信息技术支持学习以及未来教学的能力。因此，师范生信息化教学能力概念定义应该融入师范生自身的特质。基于此，本书结合师范生特有的双重身份特点，将师范生的信息化教学能力定义为：在师范学习阶段，师范生为适应社会发展需求，在科学教学理念的引导下，能合理运用信息技术和资源，从事学习和教学活动、完成学习和教学任务，优化学习和教学过程的综合能力，包括基础技术素养、技术支持学习和技术支持教学三方面的能力。

第三节 影响师范生信息化教学能力培养的因素

师范生的信息化教学能力发展主要受到内部与外部两方面因素的影响。其中，内部因素，即师范生个人的特性，直接对其信息化教学能力产生影响。外部因素则通过调整和影响师范生的内部条件，间接地影响他们的信息化教学能力发展。

一、内部因素

（一）教育理念

教育理念是教育行为的灵魂和指导原则，它是师范生看待教育和教学活动的基本观点及立场。在影响师范生信息化教学能力培养的多种内部因素中，教育理念可能是最重要的一项。现代化的教育理念强调创新、合作、批判性思维和终身学习。这种理念认为，教育不仅仅是传递知识，更重要的是培养学生独立思考和自主学习的能力，培养他们解决问题和创新的能力。在这种教育理念的指导下，信息化教学被看作一种有效的教学手段，它能够创造出更丰富、更具互动性的学习环境，促进学生的主动学习和创新思考。师范生持有这样的教育理念，会更愿意接触和学习新的教学方法，包括信息化教学。他们理解到，信息化教学能够提高教学效率，丰富教学手段，扩大教学影响力。他们会愿意投入到信息化教学能力的提升中，努力掌握信息技术，并熟练运用到教学中。然而，如果师范生的教育理念仍然停留在传统的教师中心和应试教育的阶段，那么他们可能会对信息化教学产生抵触情绪，对其效果产生怀疑，不愿意接受和学习新的教学方式。

（二）态度

态度是影响师范生信息化教学能力培养的重要内部因素之一。它涉及师范生对信息化教学的认知和情感，包括他们对信息化教学的接受程度、愿意投入的精力和信心等。在这个方面，积极的态度往往能够推动师范生提高信息化教学能力，而消极的态度则可能阻碍他们的进步。积极的态度可能来自对信息化教学的认知。师范生认识到信息化教学的优势，如更高的效率，更多元化的教学方式，更广阔的学习资源等，他们会更愿意投入到信息化教学的学习和实践中。相反，如果他们对信息化教学存在误解或不了解，可能会形成消极的态度。态度也与信心有关。对于许多师范生来说，信息技术可能是陌生的领域，他们可能会担心自己不能掌握这些技术，或者担心信息化教学过于复杂，无法成功应用。这种消极的态度可能会阻碍他们学习信息化教学的技术和方法。然而，如果师范生有足够的信心，相信他们能够学会并有效使用这些新的技术和方法，那么他们就会更愿意去尝试和学习。此外，师范生对信息化教学的情感也会影响他们的态度。如果他们对信息化教学充满热情和兴趣，他们会更愿意投入时间和精力去学习及实践。反之，如果他们对信息化教学感到无聊或者疲倦，他们可能会抵制这种新的教学方式。因此，为了提升师范生的信息化教学能力，我们需要采取措施引导他们形成积极的态度。这可能包括提供足够的信息让他们了解信息化教学的好处，提供足够的支持让他们建立信心，以及激发他们对信息化教学的兴趣和热情。

（三）教学实践

教育实践是影响师范生信息化教学能力培养的重要内部因素。对于师范生而言，信息化教学并不仅仅是理论知识的学习，更需要在实际教育环境中进行操作和应用。首先，教育实践能力体现在能够熟练运用信息化教学工具。当前的信息化教学工具类型繁多，从基本的办公软件，到专业的教育平台，再到虚拟现实等高级技术，师范生需要能够熟练掌握这些工具的使用，将它们有效地融入到教学中。其次，教育实践能力体现在能够设计和实施信息化教学方案。这需要师范生对教育理论和教学策略有深入的理解，能够结合信息化工具和资源，为学生提供符合他们需求和特点的学习方案。此外，教育实践能力也包括评估和反思的能力。师范生需要通过数据和反馈，评估信息化教学的效果，从而持续改进教学设计和实施。同时，他们需要反思自己的教学行为，从实践中获取经验，持续提升自己的教学能力。实践中，师范生可能面临各种挑战，比如技术难题、教学设计的困难、评估的复杂性等。因此，师范生的教育实践能力的培养，需要结合理论学习和实际操作，以及持续的指导和反馈。同时，他们还需要有敢于尝试和解决问题的勇气及决心，以应对信息化教学的不断变化和挑战。

二、外部因素

（一）学校因素

学校因素对师范生信息化教学能力的培养起着关键作用，这些因素可以进一步分为硬件设施、教育政策、教学资源和教师培训等几个方面。

硬件设施是信息化教学能力培养的基础。如果学校能够为师范生提供充足的信息化硬件设施，如计算机、投影设备、电子白板等，就可以为他们提供丰富的信息化教学实践环境。此外，师范生需要便捷的网络环境和可用的软件工具，以支持他们进行各种形式的信息化教学活动。

教育政策也能深刻影响师范生信息化教学能力的培养。学校的教育政策应鼓励和支持师范生进行信息化教学实践，包括为他们提供足够的时间和空间，调整评价机制以奖励信息化教学的尝试和成功，以及创建一个教学创新和尝试新事物的环境。

学校应提供丰富和多样的教学资源，以支持师范生的信息化教学。这些资源可能包括电子图书、在线课程、数字化的教学案例、教学软件等，以为师范生提供丰富的教学素材和教学灵感，从而促进他们的信息化教学实践。

学校应定期为师范生提供信息化教学的专门培训。培训可能包括信息技术的基本操作，信息化教学策略的选择和使用，以及如何评价和改进信息化教学效果等内容。这种培训可以帮助师范生提升信息技术的技能，增强信息化教学的自信心，以及提高他们的信息化教学效果。

（二）社会因素

社会因素也是影响师范生信息化教学能力培养的重要环节。这些因素主要包括社会对教育的期望，技术发展的趋势，以及社会对教师的职业发展和教育改革的支持等。社会对教育的期望和评价标准可以影响师范生对信息化教学的态度及实践。如果社会普遍认为信息化教学是提高教育质量、满足学生多元化需求的有效手段，那么师范生更有可能投入到信息化教学的实践中。技术发展的趋势也会影响师范生信息化教学能力的培养。在新技术不断涌现的今天，师范生需要持续学习和掌握新的教学技术，才能跟上信息化教学的步伐。这不仅需要他们具备较强的学习能力和技术接受能力，也需要社会提供充足的技术学习和实践机会。此外，社会对教师的职业发展和教育改革的支持也会影响师范生的信息化教学能力培养。这种支持可以通过提供优质的教师培训、创建教育创新的环境、提供教育科研的资金和平台等形式表现出来。如果社会能够对教师的信息化教学实践给予足够的理解、认可和支持，那么师范生更有可能投入到信息化教学的实践中，从而提高他们的信息化教学能力。

第四节　师范生信息化教学能力培养的必要性

一、师范教育的新形势

在当今时代，全球性的竞争已经从经济领域转向科学与技术领域，其中创新人才的角色尤为关键。这样的情况强调了教育的重要性，以及教师在整个教育体系中的关键地位。2022年4月，教育部与其他七部门共同发表了《新时代基础教育强师计划》[①]。该计划致力于在"十四五"规划期间以及面向2035年的未来发展。该计划有两个核心目标：第一个目标，到2025年，计划建立一系列的国家级师范教育基地，发展一套可复制且能够推广的教师队伍建设和改革经验。同时，培养一批硕士层次的中小学教师和教育领军人才，建立完善的农村教师培养支持服务体系，主要由部属师范大学和地方师范院校负责。在欠发达地区，中小学教师短缺的问题也将逐步得到解决。另外，教师培训也将更加专业化和标准化，教师的发展将得到充足的保障，教师队伍的管理和服务水平也将显著提升。第二个目标，到2035年，为满足教育现代化和构建教育强国的需求，将构建开放、协同、联动的高水平教师教育体系，建立完善的教师专业发展机制。在这个阶段，教师的数量和质量将基本满足基础教育的发展需求，教师队伍的整体素质和教育教学水平将得到明显的提升，尊师重教的风气也将更加浓厚。

现阶段，国家已在北京师范大学、华东师范大学、东北师范大学、华中师范大学、陕西师范大学和西南大学这六所直属师范大学中实施了免费师范生教育。在这些学生的学习期间，他们无须支付学费和住宿费，并且还会得到生活费的补助。这些措施的目的是进一步促进尊重教师、重视教育的氛围，提倡以教育家的精神进行教学，同时鼓励更多的优秀年轻人成为终身教师，培养大量的优秀教师，并使教育成为社会最受尊重的职业。

免费师范生制度，或者称之为"优师工程"，对于实现教育优先发展和推动中国教育现代化有着重大的意义。这个政策的实施不仅能够帮助提高教师的社会地位，也能够通过提供更多优秀的教师来提升教育质量，最终推动整个社会的进步。

在提升基础教育师资质量的过程中，中国已经构建了一套完整的师范教育体系。其中，信息化教学能力已经成为教师技能体系的重要组成部分，并且被视为评估教师专业能力的关键指标。2014年，教育部办公厅发布了《中小学教师信

[①] 教育部等.教育部等八部门关于印发《新时代基础教育强师计划》的通知［EB/OL］.（2022-04-11）［2023-05-26］.http://www.moe.gov.cn/srcsite/A10/s7034/202204/t20220413_616644.html.

息技术应用能力培训课程标准（试行）》，这不仅为评估中小学教师的信息化能力提供了标准，也成为指导师范生信息化教学能力培养的核心指引。然而，当前存在的问题是，许多高等师范学院并未将教师信息技术应用的学习和训练全面融入专业课程教学计划。这导致了一些问题，如缺乏示范教学，实践环节被忽视，缺乏规范的管理和严格的考核，从而一些毕业生的信息化教学技能欠缺，以及他们所具备的综合素质与新课程改革对教师素质的高要求存在显著的反差。此外，中小学教师在信息素养、新课程教学理念、教学方法更新、创新意识以及科研能力等方面也存在一些问题。这种情况在很大程度上是因为师范学院通常通过传统的"教育技术"课程培养学生的信息化能力，这种教学方式以教师、教科书和课堂为中心，主要关注知识的传授。对于具有很强实践性特质的信息化知识和技能来说，这种教学模式往往因为缺少实训环节，难以真正提升学生的信息化教学能力。因此，如何改变这种单一的课堂教学模式，通过建立实训支撑环境来加强师范生信息化教学能力的培养，并重构教师的教学能力，是一个急需解决的问题。

二、信息化给师范教育带来新挑战和发展机遇

现代社会的发展与进步基于三大关键资源：物质、能量以及信息，它们共同构成了当今文明的根基。信息技术以其在资源优化配置中的显著作用，在国民经济和社会发展中的战略地位稳步提升。各行各业纷纷将信息技术应用作为推进业务深度发展的核心路径和关键步骤。至今为止，信息技术已经历了三个历史阶段：首先是计算机技术的诞生和发展阶段；其次是计算机的广泛应用阶段，此时，数字化和信息化的过程向各行业和领域扩散；最后是计算机技术与通信技术融合的阶段，这个阶段是人们所称的互联网时代，这个时代的基本特征是科学技术的飞速发展，以及知识的爆炸式增长和更新。

计算机网络结合多媒体计算机技术构建了信息时代的基础架构，信息、知识以及相应的技术构建了一个整合的网络空间，形成了一个包含无尽知识的广阔海洋，以及一个能够储存大量知识的庞大容器。计算机技术实现了信息的数字化，互联网技术促成了信息的网络化，而人工智能推动了信息应用的智能化。在信息

技术中，信息的处理和分析至关重要。正是这种技术使得信息的处理和应用效率大大提高。知识时代这些新颖且令人眼花缭乱的特征让人耳目一新，人们常常用"知识爆炸"来形容这个时代。

人类社会的演变历程可以视为一部科技演进的史诗。信息科技与教育科技的进步极大地推动了教育改革的步调。随着计算机科技与全球互联网技术的出现和快速发展，全球正在经历一场空前的新技术革命——信息革命。在这场革命中，信息技术扮演了极其重要的角色。当今的信息技术涵盖了微电子技术、计算机科技、集成电路技术、多媒体技术、数据库科技、网络科技等，其中，多媒体技术与网络科技在推动社会信息化进程以及信息产业的兴起中起到了关键作用，而互联网则成为这些技术应用的综合平台。

随着现代社会的信息基础设施——互联网的不断发展与完善，信息科技已经渗透进社会的每一层面。在这个被称为"信息社会"的时代，人们面临"知识爆炸"的现象，所以必须不断地更新知识结构以适应时代的变迁；另外，高科技的助力也使得我们能在任何时间、任何地点进行学习。在未来的教育展望中，数字化的自主学习系统和终身教育系统将成为信息社会的主要教育形式。

教育领域同时面临新的发展机遇和严峻的挑战，这便是21世纪以来中国教育所处的现实情境。在全球教育大调整和深度变革的内在动力中，信息技术的应用显得尤为重要，它推动了教育理念、人才观、知识观、学习观的转变，从而改变了教育的面貌：一种全新的学习模式——数字化学习模式正在形成。

三、师范生职业发展需求

师范教育的责任在于培育和供给基础教育的教师队伍。师范生的素质直接关联到一个国家的民族素质、创新能力以及发展的核心竞争力，这影响到国家的兴衰。对于师范教育，国家极重视度，已经建立了师范院校的布局体系，并实施了一系列的重要措施，如免费师范生政策、教师资格认证以及职业化等。这些措施均旨在强化师范教育，提升师范生的培育质量。提升教育质量的责任落在师范生的肩上，他们是最终的执行者。

在多种教育素质中，信息化能力占据了重要的地位，在能力结构中发挥整合和物化其他能力素质的功能。一方面，信息化能力具有其独特的价值功能；另一方面，所有其他的能力和素质均需通过信息化能力展现。提高师范生的信息化能力可以增强他们对信息技术的熟练运用能力，提升将学科知识、教育理论与现代教育技术有机整合的能力。在信息时代，科技迅速发展，知识更新随之加速。只有通过持续学习，才能提高知识水平和文化素质，适应工作需求并应对竞争。终身学习和促进人的全面发展的教育理念已经得到了普遍的接受。人们可以在工作中学习，生活中体验，恰如其分地体现了"世事洞明皆学问，人情练达即文章"。然而，终身的课堂是不存在的，因为大学无法对所有人开放，同时任何人也无法在大学中获取到足够的终生知识。但是，可以打破传统教育的框架，建立网络大学，将数字化学习作为终身学习的理想平台。

当教育被视为一项持续的任务时，人们对成功与失败的理解亦随之改变。若个体在其生命中的教育旅程在特定年龄或阶段遭遇挫败，依然有机会寻找新的可能性，他不会被永久地推入失败的深渊。培养信息化能力也有益于提高师范生的综合素质和终身学习能力。在信息化能力的培养过程中，师范生会主动提升他们的协作精神和创新意识，有效地激发他们的创造力，增强他们的自主学习能力和主动获取知识的能力。这种一辈子的教育和学习的理念，为他们的未来教育职业生涯奠定了坚实基础。这些能力的提升，也决定了师范生能否适应教育发展的需求，能否提升他们的竞争力和生存能力。

总之，面对社会进步、科技发展以及个体的职业需求，师范生信息化教学能力的培养是一个具有深远意义的课题。

第三章　教师专业发展与师范生信息化教学能力结构

第一节　教师专业发展的内涵与内容

一、教师专业发展的内涵

专业发展对于教师而言，意味着在其教职生涯中，通过个人经验和职业发展规则，不断地自我提升和优化，以满足职业发展的需求。这种专业发展并不仅仅意味着教师需要获取更多的专业知识，而是强调教师需要思考如何在教学过程中提高其教学行为，以提供更高质量的教学服务。教师的专业发展不仅是教师个人成长的必然选择，也是学校发展的重要组成部分，既涉及个人行为，也包含学校行为。

自 20 世纪 80 年代起，教师的专业发展已经成为教育研究领域中的重要议题。然而，对于教师专业发展的定义，至今仍然存在各种各样的理解。根据目标的不同和对教师专业的理解，教师的专业发展有很多不同的理论取向。总体上，这些理论取向可以分为三种：一种是强调教师需要接受大量学科知识和教育知识的认知取向；一种是强调教师专业发展所需的知识不是外来灌输的，而是通过教师自我实践反思和理解的实践反思取向；一种是强调教师专业发展需要通过教师群体的合作，形成专业发展的文化和模式的生态取向。

教师专业发展表现在以下几个方面：专业信念——专业生涯的动力和导向；

教学主张——专业生涯的价值取向；教学风格——专业生涯的个人特色；研究课题——专业生涯的自我提升；写作兴趣——专业生涯的心灵表达；教学业绩——专业生涯的基础。关于教师专业发展的内涵，有许多不同的解释。

（一）教师专业发展"四要素"说

"四要素"说是对教师专业发展的一种阐述，它主张教师的专业知识、专业技能、专业道德和专业情感这四个维度的协同发展。其中，教师的专业知识被理解为教师所需的基础科学文化知识，整体上涵盖基础人文科学知识、自然科学知识、学科专业性知识以及教育学科类知识。对于教师的专业技能，它被视为教师在教学过程中，运用专业知识和经验完成教学及科研任务的综合能力。

同时，教师的专业道德被定义为教师在职业生活中所体现出来的专业价值观、专业行为规范，以及行为方式的集合。教师的专业情感，作为教师素质的动态要素，体现为教师对其职业劳动的深切关注和热爱，主要体现在教师对自己从事的工作的认识和热爱上。如表 3-1 所示。

表 3-1　与"四要素"对应的教师专业发展的基本内容

要素	指标	基本内容
专业知识	学科专业知识	学科专业知识精深，把握学科本质和学科思想与方法
	学科教研知识	能够指导教师落实课标，能够示范教学的新理念和新设想
		根据内容和学生实际，指导教师创设情境、选择教学策略
	教师教育知识	明确教师需求和组织需求，构建学校特色学科和教师教育课程
		能够规划组织学校研修，并有针对性地进行指导和引领
	课程知识	理解学科课程的育人价值，能够把握教材编写意图，组织教学
专业技能知识	课程建设与资源开发	能够参与制定学校课程方案，指导课程开发与实施
		能够根据学科课堂教学需求，带领团队建设学校课程教学资源

续表

要素	指标	基本内容
专业技能知识	教学研究与指导改进能力	能够以各种形式调研教学现状，科学诊断课堂教学并精确指导
		能够聚焦学科教学关键问题，带领团队研讨并在实践中改进
	质量评价与分析反馈能力	制定学科学业评价的方案，研制学科评价工具并实施评价
		基于大数据的分析和反馈，给学校和教师提出改进建议
	教育教学科研能力	能够洞察学科教学存在的问题，形成课题，用研究的方式解决问题
		能够组织教学改革试验研究，善于发现并总结推广优秀的成果
专业道德	学习规划意识	树立正确的人生价值观，教育教学理念先进
		理解岗位内涵职责，以提升学校教育教学质量为己任
		合理规划职业发展，不断学习，顺应教育教学需求
专业情怀	尊重和热爱	热爱学生和学科，不断提升教育境界
		遵循规律，尊重差异
		牢固树立服务意识，为学校、教师和学生的发展服务

知识、技能、道德和情感认知这四个主要因素构成了教师专业发展的核心，这些元素是教师认知结构的显现。根据心理学的认知连接理论，环境的刺激通过思考和认知的处理，导致个体产生对应的反应，表现为行为和实践活动。因此，在教师的职业环境中，环境刺激不断被个体的思考和认知结构处理，然后被外化，形成教师行为活动中的专业表现。同时，这种行为活动的结果反向影响个体的主观认知，产生新的思想，形成新的认知。这个过程描绘了教师专业知识、技能、道德和情感的动态变化过程，如图3-1所示。

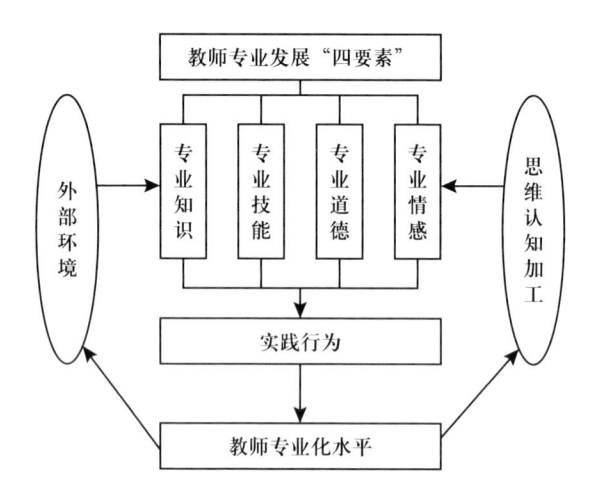

图 3-1 教师专业发展"四要素"关系

（二）教师专业发展"七素养"说

1. 信息素养

现代社会是信息爆炸的社会，其中信息的存在和流动无所不在，如同空气一样普遍。现在每 18 个月的信息量，相当于从人类文明初期至今所积累的所有信息的总和。面对如此庞大的信息量，如果教师仍然坚持"分工明确"和"专精特长"的教学观念，那么将无法满足学生的学习需求，也将无法提升教育教学的水平和质量。与此同时，生活在这个信息化社会中的学生每天都会接触到大量的信息，他们的信息素养甚至可能超过教师。因此，融入信息化社会，提升自身的信息素养，已经成为教师成功完成教学任务的基本条件。

"信息素养"这个术语最早由美国图书馆学会在 1989 年提出，如今已经得到广泛认同。从教师专业发展的角度出发，信息素养表现为以下几个方面：具备获取新信息的意愿，能够主动地在生活实践中持续寻找和探索新的信息；有能力对获取的信息进行判断和分析，对信息进行准确的评估；具备信息处理的灵活性，能够掌握如何选择和拒绝信息的技能；可以有效地利用信息，表达自己的思想和观念，并愿意与他人分享不同的观点或信息。

2. 创新素养

教师在创新动机测验上的表现与学生在创造性写作能力上的水平有一定的正

相关性。这一发现揭示了教师的创新能力对学生创新能力成长的重要影响。如果教师缺乏在教学过程中的连续性创新，学生的创新能力很难得到提升。这意味着教师需要超越以往对单一知识传递和复制的行为模式，不再将知识的分解和讲解作为教学活动的主要或唯一目标，而应认识到教育教学是一个持续创新的过程，每一次的教学设计都应是一个创新生成的过程。

教师的创新素养具体体现在以下方面：对教育教学有一种挑战精神，充满好奇心和想象力；鼓励学生进行创新，并将学生视为创新的主体，强调他们在学习过程中的创新主体性；对学生的失败持宽容态度，鼓励他们适当地冒险，并在教学过程中创造出鼓励创新的氛围；将教育教学视为学生的主动学习、反思探究、变化更新的创新过程；在教学中为学生提供创新的时间和空间，激发他们的创新欲望，培养他们的创新潜能；教师自身在教学中持续创新，将每一次的教学都视为创新设计和实施的过程。

3. 跨学科素养

从全人教育的角度审视，教师的角色不仅局限于传授孤立的学科知识，更应引导学生理解各个学科间的内在关联，从这种有机连接中建立对问题的深入理解。当前，自然科学和社会科学的发展趋势越来越多地强调学科交融和跨领域研究。

另外，从实际生活和社会实践的角度观察，问题解决的路径并非依赖单一的学科知识，而是基于各学科的有机结合和综合性分析，才有可能找到问题的答案。因此，这一现象对教师提出了一项挑战，那就是需要深化和提升他们的跨学科素养。这不仅要求他们对自身学科的专业知识有深入全面的把握，还要主动提高跨领域诸如跨语言学、跨数学学等方面的素养。他们应对生活各个领域（包括时事政治、经济发展、科技趋势、地方风情等）涉及的知识有所掌握，并且须深入探究如何从学科的交叉、交融、互渗的角度提出问题并进行研究。

4. 媒体素养

现代自媒体的普及正逐步改变教师个人与公众生活空间的边界，使他们缩短了私人行为与公共行为之间的间隔。因此，强化教师媒体素养的重要性越来越明显。在这里，教师的媒体素养指他们理解、评价以及利用媒体的态度和技能，不仅涉及他们面对媒体广泛信息时的选择、理解、质疑以及评估能力，也涉及他们基于对媒体的理解对其进行灵活使用的技巧。这一概念主要包括基础、核心以及关键三个层次。各领域知识的积累以及教育经验是基础层次；掌握各种媒体的特性，正确解析各类信息并合适地使用，培养媒体信息的批判意识和批判能力，提高对不良信息的识别和抵抗能力，同时学会如何高效地将媒体信息应用到教育教学之中；追求最新的教育信息的强烈愿望，这是关键要素。

5. 社会参与和贡献素养

在过去，教师的行动范围往往局限于教育机构的物理边界内，对政府事务的关注程度不高，甚至对社会存在的各种问题视而不见，认为这些事情应由政府和公职人员处理。然而，随着国家治理系统和治理能力的持续现代化，教师被越来越多地鼓励参与政府和社会事务，以此在社会参与中彰显自身价值。因教师特殊的地位和获取知识的优势，他们甚至有可能成为公众参与社会事务的先导。同时，希望教师能主动承担社会责任，参与学校周边环境的建设，并通过运用其教学资源优势服务社区居民，以提升学校的社会影响力和知名度，为社会贡献力量。

6. 教育心理素养

教师的教育心理素养，指教师在教学互动中所表现出来的各种心理特点。教师的教育心理素养决定和支配着教师在教学活动中的行为表现。笔者以为，一名优秀的教师所必须具备的心理能力包括以下五种：

①角色适应力——教书育人的基础；②心灵感悟力——尊师爱生的基础；③情绪控制力——为人师表的基础；④心理承受力——诲人不倦的基础；⑤教育表现力——灵活机智的基础。

7. 自我管理素养

在当今的教育环境中，教师承受着巨大的压力，且面对的困境和挑战不断增多。相比之下，外部激励的手段似乎相对稀缺，同时，随着专业水平的提高，可以提供指导的专家人数逐渐减少。在此情况下，教师的自我管理素质和能力显得尤为重要。他们能否有效管理自己、适当约束自己，以及成功激励自己，将直接影响其专业发展水平。自我管理的重点在于教师内在的指导和约束能力，即行为约束主要依靠内部的控制力量（即教师自己），而非传统的外部控制力量（如校长、专家等）。简单来说，就是教师需要清楚自己应当做什么，并能有效地采取行动。

教师的自我管理能力涵盖多个方面，包括：目标管理，即明确自己的努力方向，并积极朝着该方向前进；时间管理，即能够区分任务的优先级，对时间进行全面规划，以及避免工作拖延；沟通管理，即根据不同的沟通对象采取不同的沟通行为，对可能影响沟通的因素进行早期干预；情绪管理，即能够控制自身情绪，避免在情绪激动或失控的情况下采取不当行为，能够冷静地对事物进行判断；健康管理，即了解自身的身心状况，定期进行体育锻炼以保持良好的身体健康，定期进行心理自我调适，保持积极乐观的情绪等。

二、教师专业发展的内容

（一）专业理念

教师的专业理念，作为其职业行为的灵魂，揭示了他们对教育、学生和自我认识的独特视角。这一理念不仅影响并引导着教师的教育教学行为，同时也是构建教师专业发展框架的主导要素。专业理念的形成与演变构成了推动教师专业发展的根本因素。教师需要在深入理解教育工作本质的基础上，建立起教育相关的认知和理性信条，进一步形塑自己的专业理念。而这一专业理念的存在，为教师的专业行为提供了理性支撑，使其得以在职业群体中明显区别于非专业人员。而所谓的专业理念，既涵盖了对教育、学生、教育活动的宏观视角，也具体到教育、教学、学习、学科及自我发展等微观层面的深刻理解和信念，是教师自主选择、认同并坚信的教育观念或教育理念。

（二）专业知识

教师专业知识构成了从事教育工作的基础性认知预设，同时呈现为教育教学实践中个体化的知识构建。

教师所需的专业知识应该是怎样的呢？在19世纪以前，社会普遍认为教师所需掌握的知识主要是他们所教授的学科内容。然而，自19世纪初，人们开始意识到，除了学科专业知识外，教师还需要熟练掌握教育技艺。这意味着教师不只需要明白教授的内容，更应懂得如何高效传授。由于对教师专业化的持续关注，自20世纪80年代以来，教师专业知识已逐渐成为教师教育研究领域的关键议题，众多学者都对此进行了深入探讨，如表3-2所示。

表3-2 教师知识分类

研究者	教师知识分类
舒尔曼等[1]	教材内容知识、学科教学法知识、课程知识、一般教学法知识、有关学习者的知识、情境的知识、其他课程的知识
格罗斯曼[2]	学科内容知识、学习者和学习的知识、一般教学法知识、课程知识、情境的知识、自我的知识
考尔德黑德[3]	学科知识、机智性知识、个人实践知识、个案知识、理论性知识、隐喻和印象知识
林崇德等[4]	本体性知识、条件性知识、实践性知识、文化知识
谢维和[5]	学生的知识、课程的知识、教学实践的知识和技术
刘婕[6]	广博的科学文化知识、系统的学科专业知识、扎实的教育专业知识

综合以上学者的观点，笔者认为教师的专业知识应包括三个方面：广博的文化知识、系统的学科知识和扎实的教育知识。

1. 广博的文化知识

教师广阔的知识视野对于其教学工作具有重要的前提作用。广博的普通文化知识主要涵盖当代科学和人文两个基本领域。当代科学方面的知识包括科学技术等方面的基础知识，而人文方面的知识包括历史、文学、艺术和传统文化等领域的基本知识。这些广博的文化知识构成了教师教学的基础，使其能够更好地开展

---

[1] 李·S.舒尔曼，王幼真，刘捷.理论、实践与教育的专业化[J].比较教育研究，1999（3）：5.
[2] 帕梅拉·格罗斯曼.专业化的教师是怎样炼成的[M].北京：人民教育出版社，2012.
[3] Calderhead J. Teachers: Beliefs and Knowledge [M] //R Calfee-D Berliner.Handbook of Education Psychology. New York: Macmillan Reference, 1996.
[4] 林崇德，申继亮，辛涛.教师素质的构成及其培养途径[J].中国教育学刊，1996（6）：7.
[5] 谢维和.论当前高校教师队伍建设的四个基本关系[J].中国高等教育，2002（10）：3.
[6] 刘婕.教师职业道德修养的重要性[J].平安校园，2008（10）：3.

教学工作。

2. 系统的学科知识

教师必须具备系统的学科知识，其中包括内容知识、实质知识、章法知识以及学科信念等，这些知识是教师胜任教学工作所必需的。教师的教学任务最终要落实到特定的学科领域，因此，他们需要具备与所教学科相适应的全面知识。只有通过对学科专业知识的完整、系统和深入掌握，教师才能在科学体系中准确把握自己所教学科的要点和内涵。这使得教师能够在教学中全面考虑各个方面，并有效地处理教材内容，使知识不仅仅以符号的形式呈现，而且能够展示出其自身的无限发展和生命力。此外，教师需根据不同的受教育对象选择适宜的教学方法，以确保有效的教学过程。因此，教师必须具备充实的学科知识，以胜任其教学工作。

3. 扎实的教育知识

教师的教育知识涉及教学方法和教育原理，是教师独有的专业知识，也是与其他专业区分的关键。教师的教育知识包括一般性的教育知识和实践性的教育知识两个方面。

一般性的教育知识，也称为条件性知识，涵盖广泛的领域，包括教育学、心理学和教学法等相关教育心理方面的知识。它涵盖的范围包括教育基本理论、心理学基本理论、德育学、教学论、教育史、教育社会学、教育心理学、教育管理学、教育法学、比较教育学等。只有全面系统地掌握这些知识，教师才能确立先进的教育观念，并选择适当的教育教学方法。

实践性的教育知识是教师在具体的教育教学实践中通过自主的体验、思考和领悟等方式所获得的知识。这种知识是难以用文字清晰表达的非文本性知识，它主要存在于教师的潜意识中。实践性知识是教师在教学实践过程中逐渐积累的，融合了教师的生活经验和个人的体验意义。它深深地植根于教师的思想和行为，并在教育教学实际行动中得以体现。实践性知识体现了教师的实践智慧。

（三）专业能力

教师的专业能力指他们在从事专业性教育教学活动时所必须具备的基本能力。

这些能力的高低不仅反映了教师自身的专业发展水平，还直接关系到教学效果的优劣。近年来，随着对教师专业发展的深入研究，教师专业能力结构的研究日益丰富。代表性的观点如表3-3所示，对教师专业能力进行了探讨。

表3-3 教师能力结构

研究者	教师能力结构
邵瑞珍[1]	思维条理性、逻辑性、口语表达能力、组织教学能力
曾庆捷	信息的组织与转化能力、信息的传递能力、运用多种教学手段的能力、接受信息的能力
陈顺理[2]	对教学对象的调节、控制和改造能力（了解学生、因材施教、启发引导、管理学生等），对教学影响的调节、控制和改造能力（处理教材、选择教法、言语表达、教学评价等），教师自我调节控制能力
孟育群[3]	认识能力、设计能力、传播能力、组织能力、交往能力
罗树华、李洪珍[4]	基础能力（智慧力、表达力、审美力）、职业能力（教育能力、班级管理、教学能力）、自我完善能力、自我能力（扩展能力、处理人际关系能力）
林崇德[5]	自我监控能力、应用现代教育技术能力、心理健康教育能力

根据前述观点，教师的专业能力包含基本能力和教育教学技能两个方面。

基本能力方面，教师需要具备信息能力、逻辑思维能力、阅读能力、写作能力、创新能力和交往能力。信息能力使教师能够获取并理解相关的教育教学信息。逻辑思维能力使教师能够进行准确的分析和推理，形成合理的教学思路。阅读能力使教师能够深入研读相关教育文献，获取专业知识。写作能力使教师能够准确、清晰地表达自己的教学想法和经验。创新能力使教师能够开展独特的教学实践和教育教学研究。交往能力使教师能够与学生、家长和同事进行有效的沟通和合作。

教育教学技能方面，教师需要具备教学设计技能，包括教学设计和教案编写。

---

[1] 邵瑞珍.教育心理学：学与教的原理［M］.上海：上海教育出版社，1983.
[2] 陈顺理.教学能力初探［J］.课程.教材.教法，1988（9）：6.
[3] 孟育群.现代教师的教育能力结构［J］.现代中小学教育，1990（3）：4.
[4] 罗树华，李洪珍.教师能力学［M］.济南：山东教育出版社，2000.
[5] 林崇德.师魂新时代师德八讲［M］.杭州：浙江教育出版社，2022.

教师通过精心设计教学过程和编写教案，能够有效组织教学内容和活动。授课技能指教师在教学实施中的各个环节，包括导入、讲解、示范、口令、语言、结课和板书等。良好的授课技能能够提高教学效果和学生的学习体验。授课技能是教师在教学展示中的能力，能够清晰、准确地向他人阐述教学设计和教学思路。教师的教学智慧指在实际教学中运用理论知识和经验智慧，灵活应对各种教学情境，提供有效的教学指导。

（四）专业道德

教师的专业道德指他们在教育过程中形成的相对稳定的道德观念、行为规范和道德品质。

教师作为知识和文化的传播者，不仅需要具备专业的知识和技能，更需要高尚的专业道德作为基石。如卢梭所言："有些职业是如此高尚，以至于一个人如果从事这些职业只是为了金钱，那他就不配担任这些职业。"教师职业被视为崇高而神圣的，其价值不在于追逐金钱。此外，教师是塑造人的工作，他们被称为"灵魂的工程师"。因此，教师需要怀揣对教育的天然使命感和责任感。

教师在形成专业道德时应注重以下方面：专业认同、专业责任、专业追求、专业创新和专业合作。他们应该坚守职业道德规范，践行"爱国守法、爱岗敬业、关爱学生、教书育人、为人师表、终身学习"的原则。

第二节　教师专业发展的历程与阶段

一、教师专业发展的历程

（一）教师非专业化

教师职业的起源可以追溯到人类社会的形成。在古老的原始社会中，教育活动并未从劳动生产中独立出来。教育仅仅是上一代人向下一代人传授劳动知识技能和生活经验，同时兼顾道德和宗教教育。在这种背景下，出现了"长者为师"和"师长合一"的情形。教师职业在那时并未达到专门化的程度。

在我国，从西周时期开始实行政教合一、官师一体的文教政策。政府官员成为学校的教师。在"官学"中，教师的任用注重德才兼备，被选出的教师多为博览群书的学者。然而，封建社会中的科举制度以儒家经典为主要考试内容，导致学校变成科举考试的附庸。数千年来，学生所学和教师所教的内容局限于有限的经典和华丽的诗词文赋。因此，教师在那个时期完全可以依靠经验和模仿而胜任"官学"教师的职务。因此，这个时期的教师并没有接受专业化培训。教师大多数也不以教学为主业，只是将其作为一种满足基本生活需求的"兼职"工作。几千年来，"官比师荣"的观念在中国人民心中根深蒂固。人们普遍认为只要能识字就可以成为教师。因此，封建时期我国的教师职业深受"学而优则仕"的影响，教师成为官员仕途升迁的一个阶段，很多人将担任官员作为一生追求的目标，从教只是出于无奈之举。

（二）教师专业化的开端

师范学校的兴起标志着教育向专业化迈进的开端，为教师的专业化提供了契机。1681年，法国的拉萨尔创建了世界上第一所师范学校，标志着世界范围内专门为教师进行职业培训的师范教育的起步，也为定向型或封闭型教师教育的发展奠定了基础。随后，奥地利和德国开始出现了短期师范培训机构。这些机构大多不具有独立性，只是为教师或候补教师提供几周或几个月的短期课程。这种目的明确的短期培训采用了学徒制度，学生通常获得一些感性和经验性的知识，但无法形成系统的理论和规律性的认识。杜威曾对这种教师培训方式进行评价，认为它是基于最佳实践的示范和模仿，过于强调对以往经验和传统做法的照搬及模仿，因此具有局限性，受限于地点和环境。

（三）教师职业的初步专业化

到了19世纪末，许多国家开始将义务教育的年限延长至初中阶段，并不断提高初等教育的水平。这提高了对教师的要求，要求他们具备大学水平。这一要求推动了师范学校向高等师范院校的过渡和发展。人们逐渐认识到教学是一项专业化的工作，它不仅需要一定的知识基础，还需要接受专门的培训。因此，确保未来教师在大学学院或其他高等教育机构接受良好、科学的培训变得至关重要，而且这种科学培训必须具备一定的专业性。随着教育科学的快速发展,教师教育的专业性得到增强,教师培养活动的方式日益多样化。然而,传统的班级授课制度所存在的弊端深刻地影响着教师教育,例如被动接受知识和脱离教学实践等问题也相继暴露出来。

从19世纪后半叶到20世纪中叶,中国的教师教育逐渐形成规模,教师职业初步实现了专业化。然而,由于晚清时期统治思想的封闭以及几千年来封建思想在人们心中的根深蒂固,中国的教师教育在数量和质量上都远远落后于许多西方国家。当西方国家的师范教育与学术教育开始融合时,中国仍在为师范教育获得独立、合法和适当的地位而奋斗。

(四)教师专业化运动的兴盛

从全球范围来看,自20世纪80年代以来,教师职业逐步向高学历化、证书化和终身化发展。人们越来越清楚地认识到,教师不仅需要真正掌握所教领域的知识,还需要具备与教育任务相适应的科学高效的教育教学能力。为了确保教师的专业发展和教学工作的专业水平,各国开始采取职前培训和职后培训双管齐下的策略,将理论学习与教学实践紧密结合起来。以往所谓的"师范性"和"学术性"得到了良性整合,通过学历证书和教师资格证书来共同保障教师的专业性。

此外,自20世纪50年代以来,教育科学的学术地位显著提高。随着教育学分支学科的不断增多,人们逐渐认识到,仅仅精通某些知识并不足以将其传授给他人,以往那种将内容教育视为简单传授理论知识而非全面个人发展的观念已经过时。此外,许多综合性大学开始介入教师培养,使教师教育走上综合化的道路。这进一步确认了教师专业化的重要性,并使教师专业化的探索达到了前所未有的高度。

在研究教师专业发展的理论和实践时,可以以师范院校的出现为分界线。在师范院校出现前,教师专业化的轨迹是从兼职到专职,从模仿到职业训练,以及从隐性到显性发展的过程。而在师范院校出现后,教师专业化则从形式上的专门职业发展到实质上的专业水平提升,从注重知识基础到以能力为本位,以及从定向培养模式向非定向培养模式转变,最终实现从技术型教师向研究型教师的发展。

二、教师专业发展的阶段

初次步入教学工作岗位的教师，尽管经历了在职专业训练并获得了合格的教师资格证书，但这并非意味着他们已成为成熟的教育教学专业人员。只有随着教学工作经验的积累、知识的更新和持续的反思，教师才能逐渐达到专业的成熟水平。教师的专业发展过程中存在不同的发展阶段，每个阶段都面临不同的发展问题，这些问题的逐步解决推动着教师专业的不断发展。在教师专业发展阶段的理论中，有三种主流观点。

（一）"自我更新"取向阶段论

根据"自我更新"取向阶段论，教师专业发展可以分为五个阶段："非关注"阶段、"虚拟关注"阶段、"生存关注"阶段、"任务关注"阶段和"自我更新关注"阶段。

1. "非关注"阶段

这个阶段指进入正式教师教育之前的阶段。在这个阶段，个体的经验对未来教师的专业发展产生重要影响。这个阶段形成的教育教学知识和观念，甚至会延续到教师的正式执教阶段。

2. "虚拟关注"阶段

这个阶段通常发生在接受教师教育之前的职前培训阶段（包括实习期）。在这个阶段，个体的身份是学生，最多只能称为"准教师"。这使他们在接触中小学实践和教师生活时具有一定程度的虚拟性。在这个阶段，个体会在虚拟的教学环境中获得一些经验，学习教育理论和教师技能，并开始对自我专业发展进行反思，为正式进入任职阶段打下良好基础。

3. "生存关注"阶段

这个阶段是教师专业发展的关键阶段，其突出特点是经历"骤变与适应"。在这个阶段，教师不仅面临从教育专业学生向正式教师角色的转变，还面临着理论知识和具体教学实践的磨合期。在这段时间内，教师需要通过对教学实践中的理论、实践以及它们之间关系的反思，以克服对教学实践的不适应。一般来说，新任教师处于这个阶段。

4. "任务关注"阶段

在度过初任期之后，决定继续从教的教师逐渐步入"任务关注"阶段。这是教师专业发展各个方面稳定、持续发展的时期。随着基本的"生存"知识和技能的掌握，教师的自信心逐渐增强，从关注自身的生存转向更多地关注教学，从关注"我能行吗"转向关注"我怎样才行"。教师在这个阶段开始尝试通过改变教学方式和方法对学生产生影响，着重发展自己的专业知识和一般教学知识，形成稳定的专业态度，并决心为教学工作做出自己的贡献。

5. "自我更新关注"阶段

处于这个阶段的教师的专业发展动力转向专业发展本身，而不再受外部评价或职业升迁的影响，直接以专业发展为指向。同时，教师已经能够自觉地依照教师发展的一般路径和目前的发展条件，有意识地进行自我规划，以谋求最大限度的自我发展。在这个阶段，教师意识到学生是学习的主体，开始鼓励学生去发现和建构意义。教师的知识结构发展重点转向学科教学法知识及应用，开始拓展个人实践知识，并开始对自身的专业发展进行反思。

（二）三阶段发展观

福勒和布朗根据教师关注的焦点问题，将教师的发展分为三个阶段：关注生存阶段、关注情境阶段和关注学生阶段。每个阶段都具有独特的发展特征。

1. 关注生存阶段

在这个阶段，教师非常关注自身的生存适应性，他们经常思考诸如"学生是否喜欢我？""同事们对我有何看法？""领导是否认可我的工作？"等问题。一般来说，师范生和新教师比老教师更加关注这些问题。由于对生存的担忧，一些教师可能会花费大量时间建立与学生的个人关系，而不是专注于教学；另一些教师可能会试图控制学生，而不是帮助他们在学习上取得进步。

2. 关注情境阶段

当教师感到自己能够顺利生存时，他们逐渐将焦点转向学生的学习成绩，进入到第二阶段——关注情境阶段。在这个阶段，教师关注如何有效地教授每一堂课的内容，他们会关心班级规模、时间压力以及教学材料的充分性等与教学情境有关的问题。一般来说，在职教师比师范生更加关注这类问题。

3. 关注学生阶段

当教师成功适应前两个阶段后，他们进入第三个阶段——关注学生阶段。在这个阶段，教师开始关注学生的个体差异，认识到不同发展水平的学生有不同的社会和情感需求，某些教材可能并不适合某些学生。对于新手教师而言，他们可能无法满足学生的个体需求。实际上，有些教师从未进入到第三阶段。

总的来说，新教师在成长过程中的每个阶段都有其特殊需求，这些需求将影响他们在课堂上的行为和教学活动。教师成长阶段实质上是从新手教师向专家教师发展的过程，研究这一过程以及专家教师的特征有助于促进教师的成长。

（三）五阶段发展观

理解教育专长发展过程的五个阶段对于提高教育质量具有重要价值。这个过程从新手的形成开始，最终形成了具有专业技能的专家。

1. 初级阶段

在初级阶段，教师获取基础的教学知识和技能。这一阶段的教师需要掌握一些教育理论和技巧，同时需要学习在实际教学环境中如何应对各种情况。教师在这个阶段可能会比较依赖教科书或者资深教师的建议，行为相对固定而非灵活。在这个阶段，真实的经验比理论知识更重要。

2. 成熟阶段

随着实践经验的积累，教师开始能够把他们的实际经验与所学知识联系起来，找出不同情况下的共同点。他们也开始对教学策略有更深的理解，可以在必要时打破既定规则。这种灵活性意味着教师可以根据具体的教学环境调整他们的行为。然而，尽管教师在这个阶段已经开始积累经验和灵活应对，但他们仍然可能无法准确地识别哪些教学环节是最关键的。

3. 胜任阶段

在达到胜任阶段时，教师已经能够明确制订自己的计划，并能够确定哪些教学环节是重要的。他们能够制定出明确的目标，并选择最合适的方式实现这些目标。这个阶段的教师可以在课程和教学中做出决策，例如何时关注主题，何时转移注意力等。这一阶段的教师更能够自主地处理教学问题，基于他们自己的计划和目标选择信息，并能承担更多的责任。虽然这个阶段的教师在教学过程中可能会经历更多的成功和失败，但他们的行为仍然无法达到专业的速度和灵活性。

4. 精通阶段

在精通阶段，教师的直觉和理解在教学过程中起到关键作用。他们的教学技能已经达到了高度自动化的程度，可以从他们的丰富经验中综合地识别出教学情景的相似性。例如，教师可以轻易地注意到同样的课程在不同的时间可能会有不同的教学效果。精通阶段的教师可以将不同的教学情景联系起来，这使得他们可以更精确地预测教学结果。然而，他们的决策过程可能仍然包含一些分析和随意性。

5. 专家阶段

在专家阶段，教师不仅能够对教学情景有直觉的理解，而且能以一种非分析性、非随意性的方式做出适当反应。他们的教学行为流畅、灵活，无需特别的精心设计。专家阶段的教师知道在何时何地应该做什么，他们使用的方法更为丰富和多样。在大多数情况下，他们可以非常有效地进行教学。当面临意外情况或者事情的发展超出预期时，他们会进行详细的分析和考虑。

以上是对教育专长发展过程的五个阶段的描述。了解这个过程有助于理解教师是如何从新手变成专家的，从而可以更好地提高教育的质量和效果。

第三节　教师专业发展与师范教育

一、教师专业发展视域下师范教育的人才培养

（一）回归师范教育培养目标的基础性，应成为师范教育人才培养目标厘定的前提

师范教育作为培养未来教师的基石，其人才培养的重要性在教师专业发展的

视域中显得尤为重要。现行的师范教育存在一定的差异，即在教师人才培养过程与目标间出现偏差。核心问题在于对师范教育在整个教师专业成长过程中的地位、作用及职责内涵认识的误解。

从教师专业发展的长期性和阶段性两大规律特征看，任何仅通过某一阶段培养高素质优秀教师的企图，都无法得到理论基础的支撑，也无法在实践操作中得到可能的实现。因此，只有真正遵循教师发展的规律，按照其不同的发展阶段应完成的不同知识的习得和素质培养的需求，科学地制定培养方案并实施，才能使各个阶段的发展有机地连接在一起，从而真正培养出高素质的优秀教师。

师范教育作为教师专业发展初始（或职前）阶段，其主要特征在于对合格教师的要求开始思考，在虚拟的教学环境中获得经验，学习教育理论及教师技能，并有自我专业发展反思的萌芽。这样，师范教育的任务和职责的目标就清晰地展现出来：为学生将来能够成长为一名合格教师打下基础。这个基础包括深厚的某一学科理论知识及渊博的相关知识体系，科学完整的教育教学理论及方法，必要的教育教学实践技能基础，健全的人格和健康的身体素质等。

因此，经过师范教育培养的大学生，虽然无法马上胜任所有的教育教学工作，也无法精通所从事教师工作的每一项业务，但他们应该是具备在不太长的时间内就能准确进入角色，顺利完成各种教育教学工作所需的基本素质的人。经过长期的教育教学实践的体验和积累，他们完全有可能在教师专业发展的后续阶段成为一名具有优秀品质的教师。

在确定师范教育的培养目标时，要重视目标内涵的基础性，强调培养方案内容的科学性，这样师范教育在教师专业发展的过程中才能真正起到奠基作用。师范教育的目标应以提供教师专业成长的平台为基础，使学生在完成学业的同时，逐渐形成自己的教育观念和教学风格，为未来的教育实践打下坚实的基础。

另外，师范教育的人才培养需要适应教师专业发展的阶段性和长期性。根据教师发展的阶段性特征，师范教育应满足学生在各个发展阶段的不同需求，设置相应的课程和实践活动，使他们在各个阶段都能得到充分的成长和发展。考虑到教师发展的长期性，师范教育需要建立一个继续教育的平台，给在职教师提供专业提升和更新知识的机会，使他们在长期的教育实践中保持专业的热情和活力。总的来说，教师专业发展视域下的师范教育人才培养需要对教师发展规律有深刻的理解和应用，对师范教育的职责和目标有清晰的认识，以此构建一个科学的、完善的、连续性的教师培养体系，真正为社会培养出高素质的教育人才。

（二）学科理论、教育理论基本素养的养成，应成为师范教育人才培养的基本和核心内容

作为学校教育，师范教育的基本特征在于基础性和间接性。师范教育的基本和核心内容是学科理论和教育理论的基本素养，这种教育方式通过有组织和有目的的教学，引导学生学习并掌握人类文明的基本知识和技能。教育者的目标是为学生打造一条通往社会的桥梁，帮助他们健康地适应社会生活。

从学生认知成长规律的视角看，师范教育过程中，学生的认知能力的形成主要依赖于对人类已有知识的学习来完成。对于学生来说，大学是一个通过学习间接知识而完成从自然人到社会人的转变的过程。这种学习方式是为了适应高速发展的现代社会，适应未来要从事的教育事业的需求，学生需要在大学学习期间掌握人类长期积累起来的某种基本科学文化知识，成为具有一定专业素养的人。

对于高等师范院校，它们的职责是帮助学生在师范教育的学习过程中，通过创造性的课堂教学的形式，系统习得某种学科理论知识、普通文化知识和教育科学知识。除此之外，学生还需要掌握与这些知识相关的基本思想、基本方法、基本技能等，这将为未来从事中小学教育的教师打下良好基础。

实践教学是师范教育的一个重要环节，它有助于学生验证和深入理解基础知识，掌握必要的实际操作技能。它是理论与实践、间接经验与直接经验、抽象概念与具体实际相结合的教学过程。学生通过实践与思考，接受各种信息，加深对知识的理解，促进知识向能力转化。

学校教育对于青年大学生的实践能力培养是基于不断加深理解乃至反思间接知识和现实实践为基调的解决问题的基本能力的培养。而大学教育中的实践教学，基于学校教育的本质属性、大学生心理发展规律及其要在大学教育中完成的使命等规律性特点,决定了其实践(动手)能力形成的主渠道仍然是课堂教学。师范教育对未来教师从教能力的培养,同样是通过课堂教学而逐步完成的。

案例教学法是美国大学教育中常用的一种教学方法,它为提高大学生的实践能力提供了很好的启示。在这种教学方法中,教师向学生提供详细的取自现实世界的第一手材料,以及一连串需要思考的问题,学生在分析大量案例的过程中,获得有关理论知识和实践技能。

例如,哈佛商学院的案例,一门课程中教师至少需要准备二三十个案例,学生在两年内需要分析 800~1000 个案例,每天大约需要分析 2~3 个案例,每次分析需要耗费大约两三个小时。这种方法的目标是帮助学生培养职业工作者的思维习惯,让他们深刻理解实践的真谛。

(三)教师职业的双专业属性,决定了传统师范教育的人才培养方式应有一个根本性的转变

理解教师职业的双专业属性至关重要,它要求教师既具备一定的学科专业知识,又具备教育教学的专业技能。这种双专业属性对于师范教育提出了新的挑战,也提供了新的机遇。在过去的数十年里,"师范性"与"学术性"的权衡问题一直困扰着我国的师范教育,因为传统的师范教育往往强调一种专业知识的学习,而对另一种专业知识的重视不足。然而,随着教师职业化的深入,对现代教师专业素养的理解开始发生转变。

关于教师专业化的发展,其学术水平包括发现的学术水平、综合的学术水平、运用的学术水平和教学的学术水平。四个方面的学术水平代表了教师在学科知识和教育知识两个维度上的专业素养。也就是说,一个优秀的教师应该具备丰富的学科知识,能够发现新的知识,整合现有的知识,应用这些知识解决实际问题;同时,还应该具备扎实的教育理论知识和教学技能,能够将这些知识运用到教学实践中,达到提高教学质量的目的。

在我国,师范教育也在探索如何更好地实现对教师的双专业培养。北京师范大学的高耀华对我国的师范教育和教师职业发展有深入的理解和研究。他主张,师范教育应以教师的双专业素养为核心,即在教师专业发展的过程中,应兼顾学科知识和教育学科知识的学习。首先，对于学科专业知识的重视是教师的基本素养。他提出，师范生在大学阶段应当像普通的专业学生一样，全面系统地学习自己专业的知识。这样，他们在毕业成为教师后，就能在授课时有足够的知识储备，既能传授学科知识，也能引导学生进行深入的学习。其次，强调教育学科知识的学习。他认为，教师的工作不仅仅是传授知识，更重要的是培养学生的学习能力，启发学生的思考能力，引导学生的价值观形成。这需要教师掌握教育学科的知识，如学习心理学、教育评价理论、教学法等。更重要的是，教师的双专业素养应当整合为一体，形成教师的独特专业素养。这需要师范教育设计合理的课程，使师范生在学习学科知识的同时，又能学习到如何将这些知识运用到教育教学中，如何利用教育学科知识进行教学设计、学生评价等。通过这样的学习，师范生在毕业后能成为具备双专业素养的教师，既能以专业人员的身份深入学科领域，又能以教师的身份有效地进行教育教学。师范教育应该考虑如何将教育学科的知识和技能与专业知识优化组合，使之真实地内化为师范生的能力，不仅能够发现和掌握已有的知识，而且还能应对和处理教育教学中的不确定情况[①]。

为了更好地实现这一目标，我国师范教育正在尝试新的人才培养模式，如"4+2"模式。这种模式下，学生先进行4年的学科理论知识学习，然后进行2年的教育科学理论知识学习和训练。这种模式能够很好地解决学科专业知识和教育学科专业知识的冲突问题，使师范生能够真正具备现代教师应有的专业素养。

然而，师范教育的改革并非一蹴而就，它需要在实践中不断探索、反思和调整。现在的师范教育已经不再是过去单一的专业知识学习，而是开始强调教师的双重专业素养。这种转变虽然带来了一些挑战，但也提供了更好地培养优秀教师的机会。在这个过程中，不仅要学习国际上的先进经验，也要结合我国的实际情况，创新人才培养模式，确保我国的师范生能够满足现代社会对教师的高要求。

---

① 高耀华.教师专业化与我国高等师范教育的理念[J].当代教育论坛：宏观教育研究，2007（1）：3.

二、教师专业发展视域下师范教育的课程改革

（一）通识课程

教师专业发展视域下的师范教育课程改革，一直以来都是教育界的热门话题。在这个视域下，通识教育的重要性逐渐被人们认识。通识课程通过引导师范生接触和理解多元的学科知识，开阔他们的知识视野，培养他们的思维能力和创新精神，使他们能够面对未来的教育任务，做到知识的丰富和人格的全面。然而，中国的高等师范教育在通识教育方面仍存在一些问题，特别是在通识课程的设置和开设上。目前，高等师范的通识课程主要以大学英语、计算机等工具课程和"两课"德育类课程为主。这样的课程设置，无疑在一定程度上偏重于工具学科和政治学科，丧失了通识教育的本质——人文性和综合性。对此，需要重新审视和反思高等师范教育的通识课程设置。通识课程应该以人文性和综合性为主，注重培养学生的思维能力和创新精神，提升他们的知识素养和人格素质，这才是通识课程的本质和价值。

首先，高等师范教育需要增加通识课程的比例，使其在总课程中占有更重要的地位。而这需要教育部门和高等院校采取有效的政策和措施，比如制定相关的课程标准和要求，引导和鼓励高等师范院校开设更多的通识课程。

其次，需要调整通识课程的设置，使其更具有人文性和综合性。比如在课程内容上，除了必要的工具课程外，还应该加入更多的人文社科类课程，如历史、文学、哲学、艺术等，这些课程能够提升师范生的人文素养，引导他们形成正确的世界观和人生观。

最后，需要加强综合性课程的开设，使师范生在掌握专业知识的同时，能够了解和理解其他学科的知识，在未来的教育实践中能够做到跨学科的教学和研究。

（二）学科专业课程

在教师专业发展视域下，师范教育课程改革的需求日益显现，尤其在学科专业课程的层面。师范教育，作为一种特殊的教育形式，承担着为社会培养合格教

师的重任，其学科专业课程设置的核心应体现"双专业性"，既注重学科知识的深度，又注重教育技能的熟练。

师范生掌握的学科知识越多，越有利于他们今后教学能力的形成和教学水平的提高，这种观点过于简化了教师教育的复杂性。教师的职业特征并非只在于其学科知识的深厚，还在于如何将这些知识融入教育实践中，成为育人服务的工具。"教师所掌握的学科专业知识是取得良好教学效果的基本保证"，但只有当这些知识达到了一定的水平，才能与教学质量产生显著的正相关关系。然而，一旦超出了这个水平，学科专业知识与教学质量之间的关系就变得模糊，甚至无法通过统计学方式寻找关联。

实际上，教师对学科内容的熟悉程度与教学质量之间的关系更具显著性。在师范院校中，过度注重学科专业课程的深度和专业性，常常会忽视学科之间的内在联系，造成师范生的综合能力不足，无法满足教学实践的复杂需求。这种情况下，学科专业课程设置便需要进行调整和改革，以便更好地满足教师专业发展的需求。

师范教育学科专业课程的改革需要从三个方面进行：调整课程结构，减少学科专业课程在整个课程中的比重，尽量保证其他类型课程的开设；调整学科内部专业课程，整合课程内容，增加综合课程的比例，以强化师范生的综合素质；设置专业的主副修制或跨专业开设选修课程，以培养师范生的跨学科能力，打造复合型教师。通过这样的改革，才能真正让师范教育的"学术性"和"师范性"达到平衡，更好地服务于教师专业发展的需求。

（三）教育专业课程

教师专业发展视域下师范教育的课程改革必须着重关注教育专业课程的设置与完善。在课程设计中，教育专业课程应该明确反映教师"育什么"和"如何教"的职业要求，而这些要求往往深入到学生的品性、道德及价值观的培育和塑造中。换句话说，教育专业课程的内容和教学时间，不仅是教师专业化程度的重要反映，更是教师教育任务的必然体现。尽管如此，我国的师范教育在一定程度上还是偏重于学科专业课程，导致了教育专业课程在整个课程结构中的比重自新中国成立以来逐步下降，目前仅占整个课程比例的 6% 左右。这种偏离无疑制约了我国教师专业化发展的步伐，与国际发展趋势相悖。据了解，世界各国对教育专业课程的开设都非常重视，这些课程不仅门类众多，包括教育理论课程、教育技能和方法、技术的课程，而且在整个课程结构中占有较大的比例。有的国家，甚至取消了独立设置的师范院校，将教师的培养工作交给综合性大学的教育学院，让学生在学习专业课程后，进入教育学院学习教育专业课程，以全面发挥教育专业课程在师资培养中的作用。这种做法的背后，反映出教育专业课程在教师专业发展中的重要地位。为了回应这一全球趋势，我国师范教育的课程改革需重视并增设教育专业课程。尽管近年来已有部分学校尝试改革，例如设置一些选修课，但总体上，教育专业课程的学时增长仍然不足。导致目前的教育专业课程门类少，内容过分学科化，缺乏实用性，以及在整个课程结构中的比例过低。因此，在师范教育课程改革中，应逐步增加教育专业课程在整个课程体系中的比例，让师范生有足够的机会学习并掌握关于"育什么"和"如何教"的知识和技能。在课程内容设计上，需要借鉴世界各国的成功经验，将教育理论与实践技能、教育方法与技术等多元内容整合在一起，使师范生在掌握学科专业知识的同时，还能全面提升教育专业素养。

（四）教育实践课程

在教师专业发展视域下，师范教育的课程改革必须深入考虑教育实践课程的设置和完善。教师的教育教学能力，主要通过教学实践形成。这种实践是对教师的职业道德、文化知识、教育理论、教育技能的综合运用。也就是说，教师的学科知识和教育知识必须通过实践才能内化为教师从事教育教学的能力。因此，教育实践是培养师范生教育能力、社会适应能力和创新意识的沃土。需要明确的是，教师专业的成熟发生在入职后的一定时间，而非职前的教师教育中。换言之，单纯的职前教育理论课程不可能促进教师的专业成熟。因此，在职前教师教育课程中，合理设置教育实践课程显得十分重要。一些发达国家的实践表明，灵活、系统化时间较长的教育实践活动，不仅是教师专业发展的基础，而且是提高师范生职业素质的有效途径。例如，美国在第一学年就安排学生进入中小学充当课堂教师的助理，帮助辅导学生和批改作业，以此体验教师职业，获得必要的教育实践经验。英国则采用小学与大学合作的制度，使教育实习制度化、系统化。然而，相较于这些发达国家的先进实践，我国的教育实践课程形式单一，时间较短。师范院校通常在最后一学期组织学生见习和实习6~8周。由于时间短，人数多，形式单一，实践效果常常不尽如人意。为了改进这种情况，师范教育的课程改革应全面发挥教育实践在教师培养中的决定作用，并进一步加大实践课程的比重。改革可以采用分散和集中相结合、见习和实习相结合、校内和校外相结合、模拟和实践相结合等多种形式，使师范生在职前受到多层次、多方面的实践锻炼。在教育实践活动中，师范生能够形成实践智慧，提高其专业素质，教育实践活动为基础教育改革与发展培养高质量的师资力量。

三、教师专业发展视域下的师范教育的培养模式

教师专业发展视域下的师范教育培养模式是为了适应当前社会发展形势和教育改革的要求，打破原有的师范教育封闭定向性的模式，实现开放多元化的教师培养。这种模式要求在保证原有师范院校学生来源、教师来源以及教师队伍流动性的基础上，积极进行师范教育培养模式的改革，实行教师培养的综合性模式。在此背景下，综合性师范教育培养体系成为未来教师教育改革的重点之一。

为了推进综合性师范教育培养模式，需要进行两方面的工作。

首先，需要积极推进原师范院校自身教育体制的改革。这包括调整培养目标、课程结构和专业设置，改革教学和培养模式，并引入新思维和新方法对教学内容进行大胆革新。例如，北京师范大学的"4+2"教师教育培养模式和上海师范大学的"3+3"教师培养模式在这方面取得了先进的经验。

其次，需要积极引导非师范院校，特别是地方上的综合性大学参与到师范教育中。通过成立教育学院等方式，利用综合性大学原有的学术和资源优势，打破以往封闭式师范院校的师范生培养模式，为提高教师教育整体质量提供强大的教育人力资源。

综合性大学参与师范教育具有多方面的优势。首先，综合性大学的学科门类

齐全，各学科之间渗透性和融合性强，能够避免原师范院校学科设置单一的劣势。其次，综合性大学拥有雄厚的师资力量、财力和物力，能够吸引优秀生源加入教师队伍，提高未来教师队伍的整体质量和素质。另外，综合性大学的学术能力和科研实力强，能够为教师教育提供学术保障，培养师范生的科研意识和研究能力，培养出更多的复合型人才。

综合性师范教育培养模式的引入受到西方"教师教育大学化"的影响。这是社会发展的要求、教育自身及其变革的要求以及教师专业化理论的影响所致。社会经济的发展和科学技术的进步对人才培养提出了更高要求，教育改革和发展关注教育质量及教师要求的提高，而教师专业化理论要求师范教育机构提供更高水平的教师培养。因此，综合性师范教育培养模式成为师范教育的新方向。

开放多元的师范教育培养体系能够为教师培养和发展提供新的生机及活力，同时给原有的师范教育体系带来更多的挑战和机遇。综合性师范教育培养体系能够加速师范院校自身的革新，充分发挥其师范教育的特色和优势。同时，综合性大学的参与促使整个师范教育体制发生巨大变革。

综合性师范教育培养模式的引入是为了实现教师教育的综合大学化，以适应社会发展的要求和教育改革的需要。这一模式的实施需要积极推进师范院校的改革，并引导综合性大学的参与。通过这种开放多元的师范教育培养体系，可以为教师培养和发展提供新的动力，并取得教育改革的突破。

第四节 师范生信息化教学能力结构

一、师范生信息化教学能力结构研制依据

确定师范生信息化教学能力的结构可以从教师的角色出发和教师的知识结构出发两个角度进行研究。这两种方法都能为师范生信息化教学能力的培养提供重要的依据。

首先，从教师的角色出发，可以确定教师使用信息技术进行教学所应具备的

相关能力。这种方法主要从教师的角色和职责出发，考虑教师在信息化教学中扮演的角色，以及教师应该具备的能力。这种方法通常结合国家经济和社会发展需求，制定教师信息技术能力的标准和框架。例如，教师信息技术能力标准可以涵盖教师在课堂教学、教学设计、教学管理等方面所需的技能和知识。从教师的角色出发可以使教师更容易理解和接受信息技术，建立起与教学实践的联系。

其次，从教师的知识结构出发，可以确定师范生信息化教学能力的构成。这种方法基于教师的知识结构，考虑教师信息化教学所需的学科教学法知识和技术知识。教师信息化教学能力的培养需要涵盖教师在学科教学中整合技术的能力，包括教学设计、教材选择、教学评价等方面的能力。从教师的知识结构出发有助于研究者对教师信息化教学能力进行学理研究，并为师范大学的课程建设和师资发展提供指导。综合看，师范生信息化教学能力的结构可以综合考虑教师的角色和教师的知识结构。从教师的角色出发，可以确定信息化教学能力的产出结构，即教师通过信息化教学达成的目标和对学生学习的促进作用。从教师的知识结构出发，可以确定信息化教学能力的培养结构，即教师信息化教学所需的知识构成。

这两个角度的综合研究可以为师范生信息化教学能力的培养提供科学依据和指导，促进师范生信息化教育的发展。

二、师范生信息化教学能力的产出结构

信息社会教师的三个角色，分别是作为信息社会公民、帮助学习者实现学习目标的教育专业人士，以及作为学校或教育组织成员的教育专业人士。这三个角色涵盖了师范生在信息化教学中的不同职责和任务。因此，师范生信息化教学能力的产出结构可以按照信息社会教师的三个角色进行构建，包括作为信息社会公民的基本信息素养、利用信息技术促进学生学习的能力以及利用信息技术促进自己及教育组织专业发展的能力。

作为信息社会的公民，师范生需要具备基本的信息素养，特别是在信息技术方面。然而，目前现实情况是许多在职教师，尤其是年龄较长的教师，对信息技术的了解和应用有所欠缺。这使得他们无法成为学生使用信息技术的榜样，无法

培养学生的隐私和安全意识、社会责任感和法律道德意识。鉴于这一现状，培养师范生成为信息化教学的榜样和引领者变得尤为重要。师范生在学习阶段既是学生，也是未来的职前教师，他们的学习也代表着教师的专业发展。因此，在培养师范生的过程中，突出他们在信息社会中的公民角色、帮助学习者实现学习目标的教育专业人士角色，以及作为学校或教育组织成员的教育专业人士角色的重要性，对于建立师范生的职前教师身份意识和发展身份认同至关重要。按照信息社会教师的这三个角色，师范生信息化教学能力的产出结构应包括三大维度：信息化教学的技术素养、信息化专业发展能力和信息化学生发展能力，如图3-2所示。

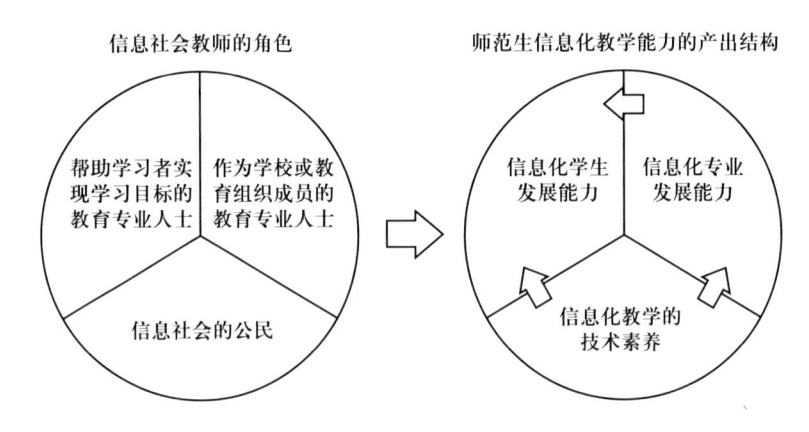

图3-2 师范生信息化教学能力的产出结构研制图

师范生信息化教学能力的产出结构按照三大维度进行细分，共包含九个模块。这种结构突出了信息化教学能力的产出导向，以促进专业发展和学生发展为最终目标。

在信息化教学的技术素养维度中有两个模块：信息技术基本技能和信息道德与责任。这强调了在信息技术高度发展的背景下，师范生需要掌握基本的信息技术技能，并具备使用信息技术时的道德与责任感。

信息化专业发展能力维度根据教师在教育组织中的角色，细分为学习力、合作力和领导力三个模块。这反映了师范生作为终身学习者、教育组织内部与外部的合作者以及领导者的三种角色。特别强调了师范生作为信息技术支持的教学变革的重要推动力，其中领导力的角色设置尤为突出。

信息化学生发展能力维度基本遵循我国《2014标准》的研制思路，包括计划与准备能力、组织与实施能力、评估与诊断能力三个模块。此外，还突出了信息化教学意愿的重要性，单独设立了一个模块。共计四个模块构成了信息化学生发展能力维度，如表3-4所示。

表3-4 师范生信息化教学能力的产出结构

能力维度	能力模块
信息化教学技术素养	①信息技术基本技能
	②信息道德与责任
信息化专业发展能力	①学习力
	②合作力
	③领导力
信息化学生发展能力	①信息化教学意愿
	②计划与准备能力
	③组织与实施能力
	④评估与诊断能力

三、师范生信息化教学能力的培养结构

师范生信息化教学能力各模块其实可以分为两大类：意愿与能力。

（一）师范生信息化教学的意愿

师范生信息化教学能力的意愿可以从感知有用性和感知易用性两个维度衡量。感知有用性指师范生认为在教学中使用某项信息技术对其有益，包括内部动机和外部动机两类。内部动机与教学相关，师范生认为某项信息技术对于他们的教学有促进作用，这种认知受到师范生的教学观影响；外部动机与教学无关，师范生可能并不一定认同在教学中使用某种信息技术能够促进自己的教学，但他们意识到他人或组织认为他们应该在教学中使用该技术，或者认为使用某种信息技术有利于他们的职业发展。感知易用性指师范生认为在教学中使用某项信息技术的便利程度，包括内部因素和外部因素。内部因素与师范生个体有关，他们可能不畏

惧信息化教学，认为自己能够胜任信息化教学，或者除了完成工作的需要外，使用信息技术能给他们带来乐趣；外部因素指师范生对于信息化教学外部支持条件的感知，包括设备的完善和人员的保障。因此，师范生信息化教学意愿的八个因素由四个感知有用性因子和四个感知易用性因子构成，如表3-5所示。

表3-5 师范生信息化教学能力意愿因子

维度	因子
信息化教学感知有用性	教学观
	感知教学促进性
	主观规范
	社会形象
信息化教学感知易用性	信息化教学自我效能感
	信息化教学愉悦感
	信息化教学焦虑感
	信息化教学外部条件感知

感知有用性包括教学观、感知教学促进性、主观规范与社会形象四个因子：

1. 教学观

教学观指师范生的教学理念对信息化教学行为的影响。不同的教学观会导致在教学中使用同一种信息技术时产生不同的行为。研究中将客观主义教学观和建构主义教学观作为分类进行考察，它们在教学本质、教学策略、教师角色、师生关系和教学内容等方面存在差异，如表3-6所示。

表3-6 客观主义教学观与建构主义教学观对比

维度	客观主义教学观	建构主义教学观
教学本质	知识是传递的	知识是在情境中建构生成的
教学策略	讲授与提问为主	自主、合作、探究
教师角色	主导	支持辅助
师生关系	师生互动	生生互动
教学内容	教材为主	多种资源

2. 感知教学促进性

感知教学促进性指师范生对于信息技术能否促进自己的教学的感知。师范生会感知到信息技术在教学中的促进作用，并据此评估其对教学的有用性。

3. 主观规范

主观规范指师范生对于重要人物、组织或其他对其行为有影响的人或因素是否期望他们在教学中使用特定的信息技术。这些人或因素包括实习指导教师、教研组长、学校领导、家长、学生，以及学科专业教师和信息化教学课程教师等。

4. 社会形象

社会形象指师范生对于在教学中使用某种信息技术是否有助于提升自己的职业形象和社会地位的感知。例如，师范生可能认为参加某项信息化教学比赛对于他们的就业前景有利。

感知易用性因子包括信息化教学自我效能感、信息化教学愉悦感、信息化教学焦虑感以及信息化教学外部条件感知四个因子：

（1）信息化教学自我效能感。信息化教学自我效能感指师范生对于自己能否使用信息技术实现教学目标的感知。

（2）信息化教学愉悦感。信息化教学愉悦感除考虑教学促进作用外，还关注师范生在教学中使用特定信息技术时是否感到愉悦和乐趣。

（3）信息化教学焦虑感。信息化教学焦虑感指师范生在教学中使用特定信息技术时是否感到焦虑或害怕。

（4）信息化教学外部条件感知。信息化教学外部条件感知包括信息化教学设施和技术支持两方面。信息化教学设施指师范生在教学中使用特定信息技术所需的设备，如网络连接、硬件、软件和应用等。信息化教学技术支持指师范生在探索、计划和实施信息化教学时能够及时获得相关专业技术人员的支持。

（二）师范生信息化教学的能力

高校在培养师范生时主要依托课程传授必要的知识和发展所需的能力。为了使师范生在未来的教学中取得成功，在课程设计过程中，应该清晰地构建出师范生未来所需的知识结构。

在培养师范生信息化教学能力方面，一个关键的要素是整合技术的学科教学法知识、整合技术的核心素养教学法知识以及整合技术的学科核心素养教学法知识。整合技术的学科教学法知识指在信息技术的支持下，如何有效地应用信息技术来支持学科教学的知识。这方面的知识涵盖了如何选择和运用合适的信息技术工具和资源，如何设计和组织信息化教学活动，以及如何评估和反思信息化教学的效果。整合技术的核心素养教学法知识指在信息技术的支持下，如何培养学生的核心素养的教学法知识。核心素养指学生在学科学习中所需的关键能力和素质，如批判性思维、创造性思维、沟通能力、合作能力等。师范生需要了解如何利用信息技术培养学生的核心素养，并运用相应的教学策略和方法进行教学。整合技术的学科核心素养教学法知识指在信息技术的支持下，如何促进学生学科核心素养的教学法知识。学科核心素养指学科领域内的基本概念、原理、方法和技能等方面的理解和应用能力。师范生需要了解如何利用信息技术促进学生学科核心素养的发展，如通过在线资源的利用、模拟实验的设计和实施等方式提升学生对学科核心内容的理解和应用能力。培养师范生在整合技术的学科教学法知识、整合技术的核心素养教学法知识和整合技术的学科核心素养教学法知识方面的能力，有助于他们在未来的教学实践中更好地运用信息技术，提高学生的学习成效和促进其发展。

学科内容知识和学科核心素养可以通过学科专业课程获得。这些课程专注于学科领域的基础知识和核心概念的传授，旨在培养师范生对学科内容的深入理解。

教学法知识和核心素养教学法知识可以在教育心理类基础课程和教学法课程中获得。这些课程旨在帮助师范生了解有效的教学方法和策略，以及培养师范生对核心素养的教学能力。

技术知识可以在计算机类课程中获得。这些课程侧重于培养师范生对信息技术的基本操作和应用能力，以便他们能够熟练地运用技术工具来支持信息化教学。

学科核心素养和学科教学法知识可以在学科教学法课程中获得。这些课程旨在帮助师范生了解如何将学科内容和教学方法相结合，以促进学生的学科核心素养的发展。

整合技术的教学法知识和整合技术的核心素养教学法知识可以在通用信息化教学课程中获得。这些课程旨在培养师范生将信息技术整合到教学中，以提升教学效果和学生的学习成果。

整合技术的学科内容知识、整合技术的学科教学法知识和整合技术的学科核心素养教学法知识可以在学科信息化教学课程中获得。这些课程旨在帮助师范生了解如何将信息技术与学科内容、教学方法和学科核心素养相融合，以创造更丰富和有效的教学环境。

需要注意的是，整合技术的核心素养作为跨学科的核心能力，应该在各类课程中得到涉及和强化，而不仅仅局限于特定的课程。因此，在培养师范生信息化教学能力的过程中，应该关注各项能力与不同课程间可能存在的关联性。

师范生面向核心素养的信息化教学能力结构中的各个能力因子与师范大学现有课程的对照见表 3-7。

表 3-7 师范生面向核心素养的信息化教学能力因子与相关课程对照

学科专业课程	学科内容知识、学科核心素养
教育心理类课程	教学法知识、核心素养教学法知识
计算机类课程	技术知识
学科教学法课程	学科核心素养、学科教学法知识
通用信息化教学课程	整合技术的教学法知识、整合技术的核心素养教学法知识
学科信息化教学课程	整合技术的学科教学法知识、整合技术的学科核心素养教学法知识

第四章　师范生信息化教学能力创新培养的理论基础

第一节　系统理论与学习理论

一、系统理论

现代系统学的研究和确立可追溯到20世纪20~30年代，其里程碑是奥地利生物学家路德维希·冯·贝塔朗菲提出的"一般系统论"。贝塔朗菲指出，随着世界日益复杂化，传统方法已无法应对现代技术和社会的复杂性问题，不得不在各个知识领域中采用整体和系统的概念来处理复杂性。系统理论注重运用系统的方法论解决复杂系统问题，它诞生于人类应对日益增加的有组织的复杂性的种种尝试[1]。系统理论的提出标志着人类认识从崇拜线性规律转向探讨非线性问题。

20世纪70年代，系统理论对社会产生了深远的影响，提供了认识和面对社会环境与人的关系的独特视角。系统理论在学术界被划分为一般系统理论和生态系统理论两种形式，它们各自具有独特的观点和理论框架。一般系统理论由贝塔朗菲提出，他认为生命有机体都是完整的系统，而这些系统又可以看作更大系统的子系统。这一理论始终坚持"人在环境中"的观点，强调以整体的视角看待人

---

[1] 路德维希·冯·贝塔朗菲.一般系统论（基础·发展·应用）[M].秋同，袁嘉新译.北京：社会科学文献出版社，1987.

和社会。它认为个体与环境之间存在着密切的相互作用和依赖关系,人的行为和状态受到环境的影响及制约。因此,要全面理解人和社会,必须考虑到他们所处的整体环境。生态系统理论则深受达尔文的进化论影响,被视为一般系统理论的一个亚类型。生态系统理论强调人天生具备与环境和他人互动的能力。人们与所处的环境相互依赖、相互补充,形成一个动态的整体。个体与环境之间的相互作用不是单向的,而是相互影响、相互改变的过程。人类遵循适者生存的原则,在与环境的互动中不断适应和演化。个体的意义和问题都是在其所处的生活环境中产生和塑造的,因此,理解个体和个体问题时必须考虑到个体的生存环境。系统视角不仅关注个体的发展,也关注与之相关联的环境因素。系统理论的运用使人们对自身的角色和功能有了更广阔的认识。

系统理论的基本原理在于将研究对象视为一个整体系统,并从微观要素、中观结构和宏观环境的层面研究它们之间的相互关系和变动规律,运用定量方式对系统的结构和功能进行整体分析。系统具有整体性、层次性、动态性和开放性等特征,这是系统理论的基本观点。系统理论不仅在科学研究认识论上取得了突破,还带来了新的方法论收获,即系统论方法。系统论方法强调从系统的整体出发,以系统整体的结构、功能以及系统与外部环境的有机联系和相互作用为基础,动态地研究事物总体发展变化的规律。这种方法认识到事物之间的相互依赖和相互作用,注重研究事物的整体性和动态性。

师范生信息化教学能力的培养是一项复杂的任务。随着智能化信息技术的发展,尤其是多媒体计算机和网络技术的兴起,教育界对于培养师范生信息化教学能力的重视不断增加。这种关注对当前教育的发展产生了深远的影响。正因如此,师范教育开始注重将技术成分纳入培养过程中。然而,随着培养任务的不断加重,师范生的培养变得越来越复杂,单一或有限的策略已无法解决问题。

针对本书中所探讨的信息化教学能力培养问题,必须以整体系统的视角加以思考。这意味着要从微观、中观和宏观层面共同思考并制定策略,以研究三者之间的相互关系和变动规律,从而形成协同合力,有效地解决问题。

一方面,构建一个科学有效的师范生信息化教学能力培养策略体系是师范生信息化教学能力培养工作的基本前提。在设计和思考培养策略体系时，应以系统理论为指导，从宏观、中观和微观层面将师范生信息化教学能力培养工作看作一个有机整体，包括培养理念、培养目标、培养主体、培养客体、培养内容和培养途径。在构建师范生信息化教学能力培养策略体系时，人本、系统、创新和实用等理念应作为统领。同时，应以系统理论为指导，从整体和全局的视角出发，深入分析师范生信息化教学能力培养涉及的各种组成要素和影响因素。基于这些分析，可以构建一个科学有效的培养策略体系。

另一方面，根据师范生信息化教学能力培养的实践经验得出，师范生信息化教学能力的培养并不是零散、单一或零碎的工作，而是一个系统性的任务，具有重要性。它是集体性、社会性和前瞻性的教育事业，应给予高度重视。因此，必须从系统的角度进行研究，考虑内部和外部的影响因素。培养师范生的信息化教学能力是一项系统工程，因此对其培养的影响因素也应该具有系统观。在信息化教学能力的培养过程中还应遵循系统理论，并坚持"人在环境中"的观点，综合考虑影响师范生信息化教学能力的内部和外部因素，不仅要关注师范生自身的特点、成长环境和宏观大环境，还要考虑具体的教育环境，例如教师的示范、信息化环境的建设、课程和教学等。此外，通过系统理论的视角观察师范生，可以使研究者更清晰地了解他们的需求，并认识到教育者在其中所扮演的角色和功能。

二、学习理论

吴艳和陈永明在对全国十所高校关于大学课堂教学现状的实证调查中发现了一些问题。研究结果显示，大学生在课堂上对科学素养存在一定程度的轻视，同时忽视了思维启发、独立思考和动手实践等方面的能力，这导致了一个危机。他们还发现，目前的大学课堂教学模式普遍呈现出注入式、教条式、单向纵深式、理性泛化式和严苛管束式等明显特征[1]。针对师范教育课堂教学的现状，特别是教学方式的问题，他们认为亟须进行改革。为了改进教学方式，他们建议依据适合

---

[1] 吴艳，陈永明.大学课堂教学的现状分析及思考[J].高教探索，2015（11）：88-93.

师范生学习的理论基础进行。这些理论基础包括经验学习循环理论、建构主义学习理论和社会学习理论。

(一)经验学习循环理论

经验学习在西方长期以来得到广泛的研究,特别是在美国,其起源可以追溯到约翰·杜威(John Dewey)和库尔特·勒温(Kurt Lewin)等学者的研究。然而,经验学习理论的最重要贡献者是库伯(Kolb),他提出的经验学习循环理论被认为是实践学习和行动学习的重要基石。

经验学习循环理论强调行动学习过程的重要性,该循环过程将行动和反思紧密结合,旨在帮助人们从经验中学习。其中,经验学习的核心方面在于建立实践行动和学习之间的联系:通过对实践行动的反思,学习者能够更清晰地认识外部世界和自我;通过对学习的反思,他们能够塑造未来的行动。如图4-1所示。

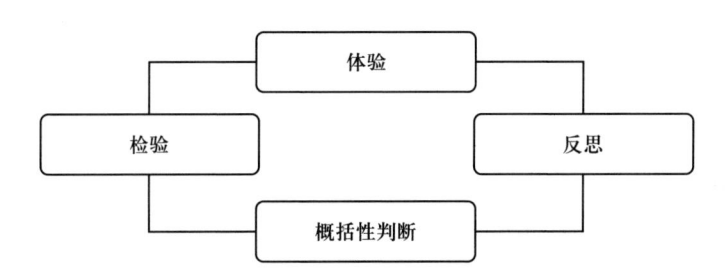

图4-1 库伯的经验学习循环

库伯是经验学习理论的重要贡献者之一。他提出的经验学习循环理论强调了行动和反思之间的紧密联系,以促进个体从经验中学习。根据库伯的理论,经验学习循环包括四个阶段:体验、反思、判断和检验。

佩德勒(Pedler)等在库伯的经验学习循环理论基础上进行了进一步的阐释。他们强调了具体实际的体验对经验学习的重要性。根据他们的观点,具体实际的体验是通过行动观察和经验反思产生新的理解。这些新的理解可以转化为抽象的概念和原则,进而引导新的行动计划,并在新的情境中进行检验和实践。通过不断的反思和实践,个体能够完成对问题的解决和学习的过程[1]。如图4-2所示。

---

[1] 佩德勒.行动学习法[M].中国高级人事管理官员培训中心译.北京:华夏出版社,2002.

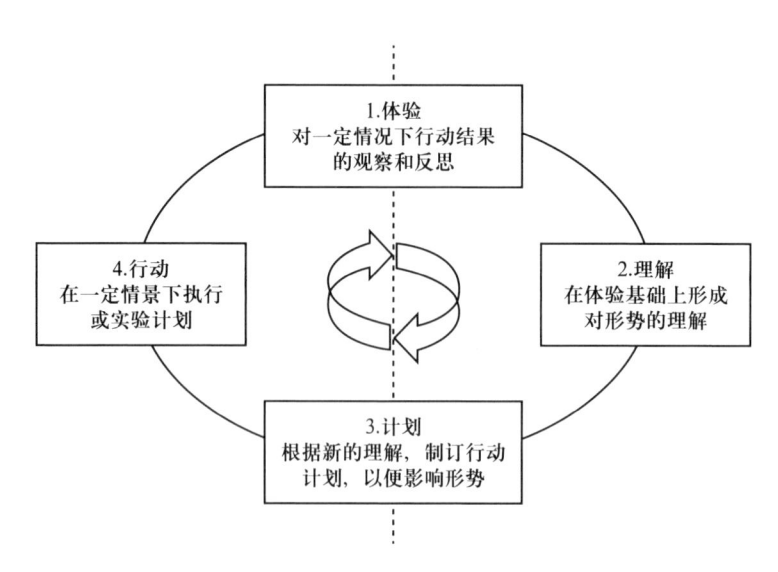

图 4-2　佩德勒的经验学习循环

梅齐罗（Mezirow）是一位教育家，他从社会学角度提出了关于经验学习循环的理论观点。根据他的理论，获取新经验的过程可以分为十个阶段。

（1）陷入进退维谷局面。这一阶段意味着个体面临一个复杂的问题或挑战，感到困惑和无法前进，形成了一种无法解决问题的局面。

（2）自我测验阶段。个体在进入自我测验阶段后开始自我评估和反省，探索自身的能力、信念和价值观。他们开始思考自己在面对问题时的态度和行为。

（3）混乱感觉。完成自我测验后，个体经历一种内心的混乱和不安，因为他们开始质疑自己以往的经验、信念和假设，寻求新的认知框架来理解问题。

（4）对其他经验产生不满。个体对过去的经验和知识感到不满意，开始主动寻找新的学习资源和观点，以拓宽自己的视野。

（5）探究行动新方案。在这一阶段，个体开始积极地探索和尝试新的行动方案，试图解决问题并获取新的经验。

（6）建立新方案阶段。个体根据新的认知框架和理解，制订并建立起新的行动计划，以应对问题和挑战。

（7）计划活动过程。个体对自己的行动计划进行详细规划和安排，确定实施步骤和时间表。

（8）获取解决方案的知识阶段。在这个阶段，个体积极地寻求新的知识和信息，以支持和丰富自己的行动计划。

（9）获取新角色经验。个体在该阶段开始在实践中获得新的经验和角色扮演，通过实际行动来验证和改进自己的解决方案。

（10）社会角色调整。个体将新的学习和经验应用于实际生活及社会环境中，通过与他人的互动和反馈，调整和适应自己的社会角色及身份。

梅齐罗的观点强调了个体在经验学习过程中的认知和情感变化，以及对自身的反思和自我调整。他的理论为理解个体在面对复杂问题和学习挑战时的成长和发展提供了重要的视角。如图 4-3 所示。

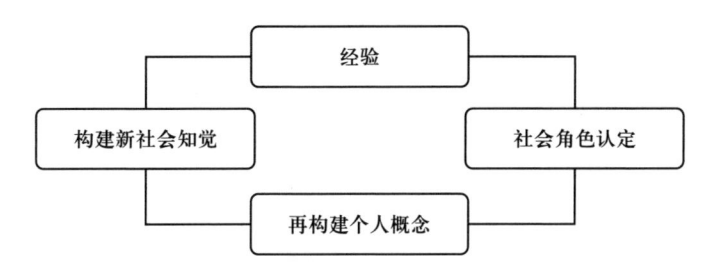

图 4-3 梅齐罗的学习经验循环

哈尼和曼弗德（Honey & Mumford）对经验学习循环提出了进一步的观点，他们强调了问题解决和学习之间的相互依赖关系，并提出了双循环的概念。如图 4-4 所示。

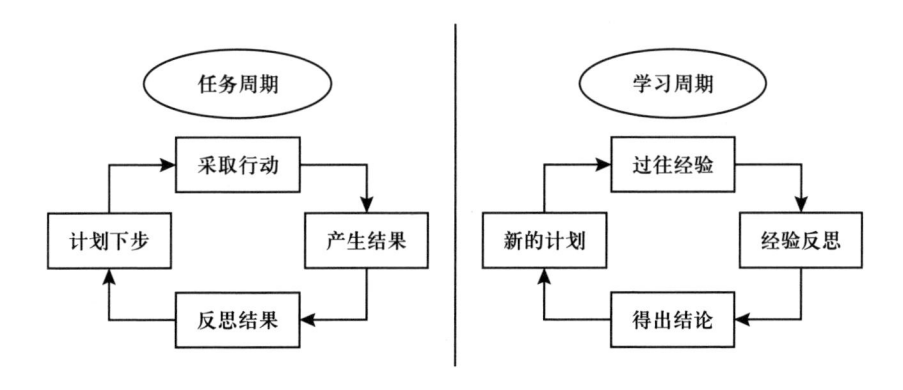

图 4-4 哈尼和曼弗德的学习双循环

哈尼和曼弗德的双循环主要包括任务周期和学习周期。任务周期主要涉及在实际任务或问题解决过程中的行动和反思。在任务周期中，个体采取行动解决问题，产生结果。然后，他们反思这些结果，思考自己的表现、效果和方法，并基于反思的结果制订下一步的计划。任务周期的重点是在实际任务中通过行动和反思而不断调整和改进。学习周期则侧重于过往经验的反思和学习。在学习周期中，个体回顾过去的经验，反思自己的学习和成长，从中提取出重要的经验教训。然后，他们根据这些经验反思的结果得出结论，并制订新的学习计划和目标。学习周期的重点是通过经验的反思和学习不断提升自己的能力和增加知识。通过任务周期和学习周期的交替循环，个体在实践和学习之间建立了紧密联系。在任务周期中，他们通过实际行动解决问题并获取新的经验，而在学习周期中，他们通过反思和学习来深化对过往经验的理解，并为未来的行动计划提供指导。

对于师范教育而言，仅仅重视理论知识的获取和理解是不够的，更应该注重实践性知识的培养，特别是与信息化教学能力相关的实践性知识。在对本身经验进行反思的基础上，师范生能够提取出有益的教训和洞察，并结合教育理论和最佳实践，制订下一步的行动计划。通过对行动计划的反思，师范生能够评估自己的行动效果和取得的成果，进一步提升自己的教学能力和专业素养，从而为未来的教育工作做好充分准备。

（二）建构主义学习理论

建构主义学习理论提倡的是一种主动的、基于个体经验的学习方式，强调学习者通过自己的经验和与环境的互动以构建知识。在师范生的信息化教学能力培养中，这种理论特别重要，因为它促进了一种创新的教学方式，使教师能够更好地适应现代教育的需求。

信息化教学是现代教育的一个重要部分，需要教师具备有效利用和整合各种信息资源的能力，以推动学生的主动学习。建构主义理论在这里的应用，是鼓励师范生利用各种信息工具，创建出真实的、情境化的学习环境，从而使学生能够更好地理解和掌握知识。此外，师范生在信息化教学中，也需要借鉴建构主义理论，激发学生的积极性，引导他们主动参与到学习过程中。这是因为，在建构主义视角下，学生的学习不再是被动接受知识，而是主动地构建、改造、重组自己的知识结构。这需要师范生发挥出引导者的角色，促进学生的思考，使他们在解决问题、完成任务的过程中，深化对知识的理解。

另外，建构主义理论中的社会互动，也是信息化教学中不可忽视的部分。学习者在与其他人的协作、交流过程中，能够进一步丰富和深化自己的理解。建构主义的信息化课堂的核心是以问题为导向的学习（见图4-5）。在建构主义的信息化课堂中，学生们是知识建构的主体，他们需要积极地参与到学习过程中，自主地去发现、解决问题。这需要师范生设计出充满挑战的学习任务和丰富的学习资源，以激发学生的学习兴趣和探索欲望。在学生的自主学习过程中，师范生起到的是引导和支持的作用，他们需要提供必要的学习帮助，以帮助学生建构知识。这可能包括提供策略性的指导，或者提供合适的学习工具和资源。师范生在指导过程中的另一个重要角色是作为知识和经验的导入者，他们通过示范或者直接指导，帮助学生在学习过程中建立正确的概念和方法。同时，他们还需要根据学生的学习进展和需求，提供适时的反馈和建议。在建构主义的信息化课堂中，学习是一个持续不断的建构过程。学生们需要在解决问题的过程中，不断地建构和重构自己的知识结构，而师范生需要通过设计合理的学习活动和环境，促进这一过程的进行。

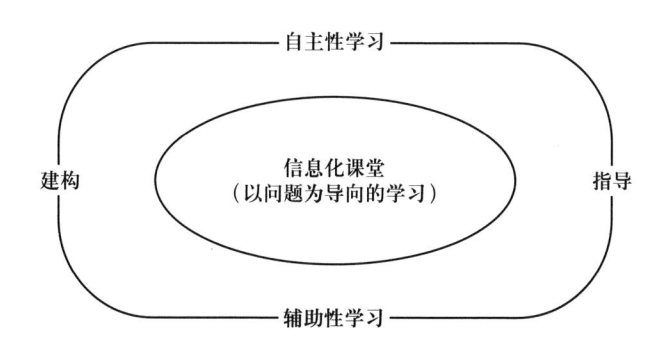

图4-5 建构主义的信息化课堂教学

这一过程并非孤立的，而是在一个特定的情境下，借助于他人（教师、同学、家长等）的帮助与指导进行的。因此，师范生需要掌握如何建立这样的社会互动环境，如何促进学生之间的有效交流，从而实现知识的共享和传播。在这个过程中，师范生的角色也在发生着变化。他们不仅是知识的传播者，更是学生学习的指导者和协助者，他们需要将自己的教学经验，与学生的学习需求，以及社会的发展趋势相结合，不断进行教学实践的创新。

因此，基于建构主义的信息化教学，不仅要求师范生具备技术上的能力，更需要他们理解和实践建构主义的学习理论。这有助于他们提高教学效率，提高教学质量，最终培养出能够适应信息社会的高质量人才。

（三）社会学习理论

个体行为的因果分析一直是心理学界学者的讨论焦点，不同流派纷纷表达了不同的观点。传统行为主义认为，行为主要受到环境的影响，而人本主义认为行为是由人的个体因素决定。美国心理学家班杜拉对两者都提出了反对意见，认为个体行为同时受到环境和个体因素的作用，并且三者之间存在的交互关系也能解释个体行为的因果，这就是社会学习理论的焦点。如图 4-6 所示[1]。

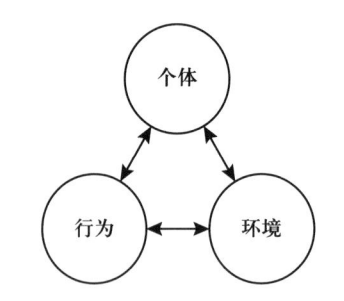

图 4-6 交互决定论的关系示意图

师范生信息教学能力的创新培养与社会学习理论紧密相连。从班杜拉的社会学习理论出发，师范生的教学能力既受到个人因素（如知识、技能、态度）的影响，也受到环境因素（如学校环境、教育政策、社会文化）的影响，而他们的教学行为又反过来影响这两个因素。这是一个动态的、互相作用的过程。

师范生的个人因素在信息教学能力的培养中占有重要位置。个人因素包括师范生对于教育技术的认知和态度、教学设计的能力以及教学评估的技巧等。师范生需要通过自主学习和反思，持续提升这些能力和技巧。环境因素包括学校的信息化环境、教育政策、教育资源等。教育机构和政策制定者需要提供一个支持师范生发展信息教学能力的环境，这可能包括提供充足的教育技术资源、设立相关

---

[1] A. 班杜拉. 思想和行动的社会基础：社会认知论 [M]. 上海：华东师范大学出版社，2001：172.

的教育政策以及提供教育技术的培训机会等。在这个系统中，师范生的教学行为既受到个人因素和环境因素的影响，又反过来影响这两个因素。例如，师范生在教学过程中会使用他们的知识和技能，这会影响学生的学习效果，从而改变教学环境。另外，教学行为的效果又会反过来影响师范生的个人因素，例如，他们可能会因此得到反馈，进而改变他们的知识和态度。

第二节　学习共同体理论与联通主义理论

一、学习共同体理论

"学习共同体理论"最早在教育领域的应用可以追溯到博耶尔（Boyer）在1995年发表的题为《基础学校：学习共同体》的报告。在报告中，博耶尔提出"学校是学习的共同体"，强调了学校教育的最重要的目标是建立一个真正意义上的学习共同体。此后，这个概念逐渐得到了教育学者们的广泛关注和研究。例如，迈克·富兰在《变革的力量——透视教育改革》一书中强调，将学校从一个官僚的机构转变为兴旺的学习共同体。这种观念强调的是教育环境中的文化转变，这种文化鼓励学生、教师以及所有相关人员积极参与学习过程，从而使学习成为一种社区活动，而不仅仅是一种单向的教导。彼得·圣吉（Peter Senge）在《第五项修炼》一书中提出了"学习型组织"的概念，他描述了这种组织的成员持续地发挥其能力，创造其所期待的理想结果，培养新的思想形式，塑造集体的气氛，在此，所有的成员学会如何向其他人学习。这与学习共同体理论中关于建立互动、协作和反思的学习环境的观点不谋而合[1]。

在师范生信息化教学能力的培养中，"学习共同体理论"为整个培养过程提供了一个重要的理论框架。这个理论将学习视为一个社会化的过程，强调了学习者、

---

[1] Senge P, Kkleiner A, Roberts C, Ross R, Smiths B. The Fifth Discipline Fieldbook: Strategies and Tools for Building a Learning Organization [M]. New York: Doubleday, 1994.

教师和环境之间的交互作用，认为学习不仅是个体的知识和技能的获取，更是在特定的社会和文化背景下，通过与他人的交流、协作和互动，构建和发展自己的知识和理解。在这个理论指导下，师范生信息化教学能力的培养应建立一个由学科专家、信息专家、教法教师、任课教师、受过培训的辅导者与管理者等助学者，以及学习者和教师知识与能力三要素组成的学习共同体。在这个共同体中，各个成员都能够在持续、广泛且深入的沟通、对话与交流中，互相学习，互相启发，共同进步。信息化教学能力的培养需要有利于培养的信息化环境与资源，如信息化平台。在这个互联互通的信息化平台上，学习者可以接触到更丰富的信息资源，可以更方便地与他人进行交流和协作，可以更直观地观察和模仿他人的优秀实践，从而更好地提升自己的教学能力。如图 4-7 所示。

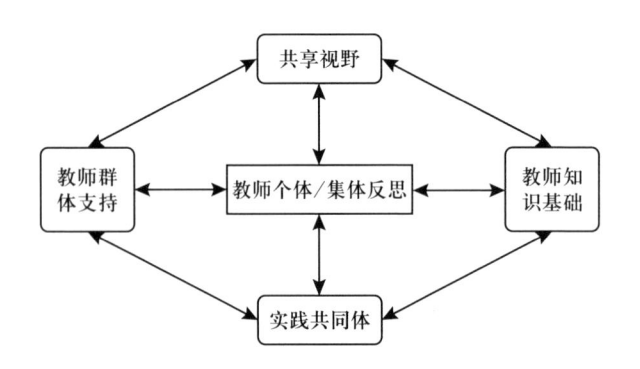

图 4-7 教师学习模式的群体层面图

此外，师范生还需要校内外学科专家、信息专家、教法教师、实习指导教师和任课教师等的示范与指导，通过他们的引导和帮助，学习者可以更快地掌握和应用新的知识和技能，更深入地理解和解决实际教学中的问题。这样，就形成了一个更加开放的网络学习共同体，每个成员都可以在这个共同体中发展自己的能力，实现自己的价值。班杜拉的社会学习理论提供了一个很好的理论支持。他认为，行为、个体和环境是相互作用的一个系统，学习是在这个系统中的行为和环境的相互作用中发生的。这个理论强调了环境对学习的影响，也强调了学习者自身的主动性和创造性。在师范生信息化教学能力的培养中，应尽量避免简单的教师讲、学生听，教师问、学生答的教学模式。因为这种模式忽视了学习者的主动性和创造性，使学习变成了一种被动的接受过程，不利于学习者的深入理解和独立思考。相反，应该鼓励学习者积极参与到教学活动中，让他们在实践中学习，在实践中反思，在实践中提升。更进一步说，应该将整个师范生学习，特别是信息化教学能力的培养都融入到真实的教学情境、生活情境、社会情境与信息环境中。这样，学习不仅是知识的获取，更是能力的培养，是对自我和环境的深入理解和独立思考。总之，"学习共同体理论"为师范生信息化教学能力的培养提供了一个新的视角和方法。在这个理论的指导下，师范生的学习不仅可以更高效、更深入，而且可以更有意义、更有价值。

二、联通主义理论

联通主义理论，又称关联主义理论，是一种在学习共同体理论的基础上，结合了网络化社会特点而形成的新型学习理论。其代表人物乔治·西蒙斯强调，学习的目的是解决未来快速变化和日益复杂的环境中的问题，学习过程是学习者连接各种可能的外部节点（知识、结构、人等），经过提取、重组，最终形成个性化学习网络的过程。如图4-8所示。

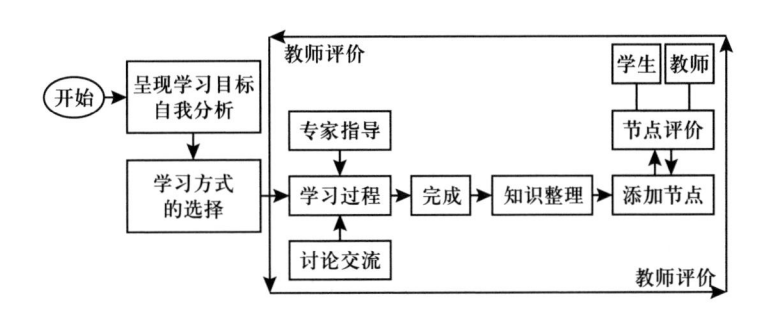

图4-8 基于联通主义理论的网络学习平台的学习过程

基于联通主义理论的网络学习平台的运行过程，需要在以下关键步骤中实现有效的学习支持和管理。在学习平台启动阶段，应确保学习者理解并能清晰描述即将进行的学习活动。这需要教师提前布置学习任务，明确学习目标。学习者需要对学习目标进行详细解读，并进行自我分析，确定自身的学习需求和目标，确定需要达成的学习结果。基于自我分析，学习者选择最适合自己的学习方式。这可以是自我研究，也可以是小组学习，甚至是混合学习方式。在学习过程中，学习者通过与专家、教师和其他学习者的交流及讨论，获取新的知识，解决学习中遇到的问题。学习活动完成后，学习者需要进行知识整理，固化新学到的知识，同时进行反思，以理解自己在学习过程中的表现和进步。在学习过程中，根据学习者的反馈和学习成果，可能需要调整学习路径中的节点，以优化学习效果。学习过程的评价是双向的，包括教师对学生的评价，以及学生对教师和学习平台的评价。这个过程不仅可以帮助教师了解学生的学习状态，也可以帮助学生理解自己的学习进度和效果。这个过程应该是一个迭代和持续改进的过程，每一次的学习活动都应基于上一次的学习经验和反馈进行调整及优化，以达到最佳的学习效果。

在现代网络社会中，学习正在转型。知识不再是传统意义上的存储和传播，而是通过网络连接的节点以碎片化的形式存在。每个个体既是知识的源头（生产和分享知识），又是终点（接收和应用知识）。这种方式赋予学习者更大的主动权和创新空间，他们可以自由地探索、链接和构建知识网络，甚至成为发现和创造新知识的源泉。在这种背景下，设计师范生教育信息化平台的任务是满足师范教育所有相关参与者和资源的互联互通。平台设计需要以联通主义理论为导向，而非只注重传统的知识传授。换句话说，重点在于帮助学习者掌握通过网络获取知识的方法，强调自我导向和网络导向的学习。这样的学习方式符合信息化教育的核心理念和培养目标。对于平台的设计，应注意系统性、针对性和整合性，以便更好地服务于学习者。这包括但不限于对平台中的资源进行有效整合、对资源的数量和检索方式进行优化，以适应各种学习需求。这种设计方式有助于提升平台的使用效率和学习效果，从而更好地推动信息化教师教育的发展。

第三节 现代教育传媒理论

一、教育媒体

媒体，或者说媒介，在通信和信息传播的语境下，指能够承载并传输信息的工具或平台。这种信息可以采取各种形式，包括文字、音频、视频、图像等。当媒体没有承载任何信息时，它们只能被看作一种潜在的工具或资源，等待被用于传递信息。例如，空白的纸张或磁带就是潜在的媒体。当在纸上写下文字，或在磁带上录制音频，它们就成为了媒体。媒体可被定义为一种既能存储又能传递信息的实体，同时也是信息从信源传递到受信者的传播方式。对媒体的概念进行分析后，可以发现媒体作为一种中介物，其范围极其广泛。举例来说，在通信这一信息传递过程中，涵盖了从信源到受信者之间的所有技术手段，这些技术手段可以归入广义媒体的范畴。如图 4-9 所示。

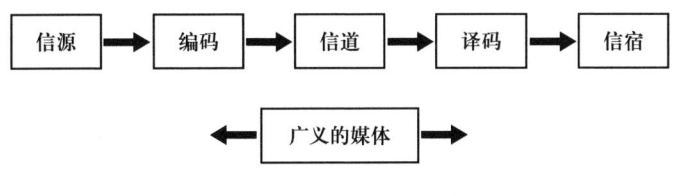

信源 → 编码 → 信道 → 译码 → 信宿

← 广义的媒体 →

图 4-9 通信过程的广义媒体

在通信过程中，信息符号从信源经过编码转换成信号，然后通过通道进行传送，最后通过解码器将信号重新转换回符号，供受信者解释和理解其中的信息意义。编码器、通道和解码器等技术手段都可以被称为媒体。以电视广播为例，摄像机从信源物体中捕捉图像信息符号，并将其转换为相应的电信号。这些电信号可以通过录像机记录和存储以备重播。随后，电信号经过通道传递，闭路电视使用线路传输，开路广播电视则通过空气传播。在接收端，电视接收机将接收到的电信号再次转换为图像信息符号，供受信者解析并理解其中的信息意义。在这一信息传递过程中，摄像机、录像机、线路、空气以及电视接收机等都扮演了媒体的角色，它们共同协作，实现了信息的存储和传递。摄像机负责捕捉图像信息，录像机负责记录和存储信号，线路和空气作为传输介质负责承载信号传送，而电视接收机负责将电信号转换为图像信息符号，使受信者能够解析和理解所传递的信息。

教育媒体是指在教与学活动中使用的媒体工具。教学的本质是一种对知识的获取、加工、处理和利用的过程，因此，任何具有储存和传递信息功能的媒体都可以被视为教育媒体来使用。初始开发和研制的媒体并不是专为教学而设计，而是在军事、通信、工业等领域使用的。随着应用范围的扩大，这些媒体逐渐被引入教学领域。举例来说，电影媒体最早于1885年问世，最初用于娱乐业。几十年后，科教片逐渐出现并应用于社会教育。同样地，电视媒体于1936年开始在美国广播公司播出电视节目，最初主要用于娱乐和商业广告。之后，闭路电视在工业领域得到应用，几十年后才普遍引入教育领域，成为一种电视教育媒体。可见，并非所有的媒体都是教育媒体，但它们都具备发展为教育媒体的潜力。那么，教育媒体具备哪些特殊的组成要素呢？总结而言，发展为教育媒体需要具备两个基本要素。首先，教育媒体应具备信息储存和传递的能力。它们能够存储和传递教学所需的信息，包括文字、图像、音频和视频等形式的信息。这种信息传递的能力是教育媒体的核心功能。其次，教育媒体需要与教学活动的目标和方法相适应。它们应与特定的教学目标相契合，并能够支持相应的教学方法和策略。教育媒体应具备互动性，激发学生的参与和思考，提升他们的学习效果。

二、教育媒体的信息理论

教育媒体在学与教的过程中扮演着重要的角色，它是信息的载体。教育媒体的发展与运用促进了信息理论的建立和发展，同时，信息理论的指导也促使教育媒体得到更有效的运用和发展。在学校教育信息化建设过程中，有两个关键方面需要特别注意。首先是现代教育媒体资源的开发和利用，其中包括学校的多媒体学习资源中心（如图书馆、视听阅览室）、多媒体综合教室、计算机网络教室和校园计算机网络系统等多媒体综合系统。这些资源的建设和利用能够为学生提供更多样化和丰富的学习体验，增强他们的学习动力和效果。其次是校园环境的建设和规划。这包括建设实验室、实践基地，并致力于培养优秀的教师队伍。学校应该成为一个知识宝库，提供现代化的物质条件，同时成为方便学生获得知识的渠道。通过建设与规划，学校可以为培养优秀人才提供良好的学习环境和资源支持。

三、教育媒体的符合理论

信息是一种抽象概念，它以某种方式描绘了事物的动态性和规律性。这种描绘的方式，通常需要通过各种符号来体现。符号可以以多种形式存在，例如可视化的图像、书写的文字，或是听得见的声音。符号不仅仅代表着具体的对象，它们还携带着深深的含义和情感，这些都是在人类历史的长河中慢慢积累和创新出来的。研究这些符号的学问，也就是所说的"符号学"。符号的本质含义可从三个层面解析：首先，符号是事物的代表。它不仅代表着具体的事物，也可能代表一个概念，一个情感，甚至是一个历史的时刻。其次，符号的含义来源于人们的经验。对符号的理解，建立在以往的知识和经验之上。比如，看到一个红绿灯，就知道应该停车或者行驶，这是因为有关于红绿灯的经验，红色代表停，绿色代表行。最后，符号的含义还受到个人和传播环境的影响。同样一个符号，在不同的文化、不同的环境下，可能会被理解为完全不同的含义。比如，红色在中国文化中代表吉祥，而在西方文化中，它可能被联想到危险或者爱情。因此，符号不仅是信息的载体，也是一种社会文化的反映。研究符号学，可以帮助人们更好地理解和解析这些隐藏在符号背后的深层含义。

符号的多样性随着社会进步和科技的推动而日益丰富。为了更好地理解这种多样性，可以从不同的角度对符号进行分类。一种是将符号分为语言符号和非语言符号，另一种是将其划分为数字符号、形态符号和模拟符号。

语言符号主要指日常使用的文字、语音以及各种书写符号。这些符号构成了各种语言，是进行人际交流的基本工具。语言符号能够表达复杂的思想和感情，使我们能够分享知识、交流想法，甚至创造全新的世界观。语言符号的规则和结构构成了语言学的主要研究对象。

非语言符号，顾名思义，是不涉及传统语言形式的各种符号。它们包括但不限于图像、图表、音乐、肢体语言、面部表情等。非语言符号在日常生活中扮演着重要的角色，它们可以在不言而喻的情况下传递大量信息。例如，一个人的姿态和表情可以让人们了解他的情绪状态；而音乐和艺术作品，虽然没有明确的文字，却能表达深深的情感。

数字符号是一种主要在科技和数学领域使用的符号，它通常用于表述精确的量或者数值。数字符号是语言表达的基础，但它更多地侧重于表达确切的信息，如数学公式或者科学数据。

形态符号，从其名称可以看出，它是通过某种形态传达特定的含义或者信息的。这些形态可能是人们熟悉的物体形状，也可能是某种抽象的几何图形。这类符号广泛存在于艺术、设计、建筑以及其他视觉领域。

模拟符号是以直接或者间接的，模仿或者代表某种实体或行为为特点。它们可能是声音模拟，比如动物叫声的模仿；也可能是视觉模拟，比如绘画或者电影中的具象表现。模拟符号不仅可以模仿现实，也可以创造新的现实。

后三类符号，数字、形态和模拟，都在日常生活中扮演着重要的角色，它们协同工作，帮助人们理解和解读世界，同时构建了社会与文化。通过研究这些符号，可以更深入地理解人类的交流方式和信息传播方式，从而更好地理解自己和所处的社会。几种常用的教育媒体使用的符号及受刺激的感官如表4-1所示。

表 4-1 教育媒体使用的符号

媒体		符号			受刺激感官
		数序符号	形状符号	模拟符号	
印刷品	有插图	√			视觉
	无插图	√			视觉
幻灯片	无声		√		视觉
	有声	√	√		视、听觉
电影片	无声		√		视觉
	加字幕	√	√		视觉
	有声	√	√	√	视、听觉
录音带		√		√	听觉
电视、录像		√	√	√	视、听觉
多媒体计算机课件		√	√	√	视、听、触觉

教育媒体中使用的符号携带着教学信息，而这些信息的解读依赖于接收者的经验，包括其知识背景、文化背景和个人理解等。这就要求教育者在选择和编制教育媒体时，必须考虑其所使用的符号能否有效地被学习者理解和接受。例如，

在设计一份针对初级学习者的教学材料时，应使用直观、易理解的符号，如常见的图形、图像和简单的文字说明。这样的设计可以帮助学习者更容易地理解和记住教学内容。另外，考虑到符号的理解会受到环境的影响，教育者需要根据教学环境来选择合适的教育媒体和符号。比如，在线教育环境下，可以利用数字媒体和互动工具作为教学符号，以吸引学习者的注意力并提升学习效果。

第五章　师范生信息化教学能力创新培养的教学资源建设

第一节　教学能力提升平台的建设

一、教学能力提升平台的建设意义

（一）促进师范生信息化教学能力提升

教学能力提升平台的建设对于师范生的信息化教学能力提升具有重大的推动作用。在这样的背景下，提升师范生的信息化教学能力，已经成为教育改革的一个重要环节。信息化教学能力，不仅仅包括运用信息化工具进行教学的技能，更涉及如何有效地将信息技术融入教学设计，如何利用信息化手段改善学习环境，以及如何通过信息技术进行教育评估等综合素质。在这一过程中，教学能力提升平台发挥了无可替代的作用。通过提供丰富的在线教学资源，提供各种教学工具和服务，使师范生可以在实际的教学活动中，不断地掌握和应用新的信息技术，提高教学效果，实现教学目标。教学能力提升平台，作为一种基于信息化技术的学习平台，为师范生提供了一个全新的学习环境。在这个环境中，师范生可以接触到最新的教学理念，学习到最先进的教学方法，掌握最实用的教学技能。同时，通过平台上的互动工具，师范生可以与其他教育工作者交流分享，可以参与到各种教学活动中，从而在实践中提高自己的信息化教学能力。

此外，教学能力提升平台上的各种教学资源，可以帮助师范生更深入地理解和掌握教学知识，更好地把握教学规律。例如，通过观看优秀的教学设计案例，师范生可以了解到如何将信息化技术融入教学设计中；通过参与模拟教学活动，师范生可以实践自己的教学设计，检验自己的教学效果；通过获取教育研究成果，师范生可以了解到教育信息化的最新动态和发展趋势。

（二）创设良好的师范生培养环境

在教育过程中，良好的教育环境被认为是促进学习和发展的关键因素。教学能力提升平台的建设对于创造这样的环境起着至关重要的作用。教学能力提升平台，作为一种基于互联网的教育环境，其特点是开放性、动态性、交互性和自主性。这样的环境能够有效地满足师范生的个性化学习需求，激发其学习的积极性和主动性，从而提高其教育教学能力。

开放性是教学能力提升平台的一个显著特点。师范生可以在平台上自由地获取和分享各种教学资源，可以与来自不同地区、不同文化背景的教育工作者进行交流和合作。这样的开放环境不仅可以拓宽师范生的学术视野，加深其对教育多元性的认识，也可以提高其跨文化沟通的能力，增强其教育包容性。

平台上的教学资源、教学方法和教学策略都在不断地更新和改进，以适应教育信息化的快速发展和社会需求的变化。在这样的动态环境中，师范生需要不断地学习新的知识，掌握新的技能，以适应教育教学的发展。这对于培养其终身学习的能力和适应性思维具有重要的意义。

交互性和自主性是教学能力提升平台的核心特征。依托学校所提供的教学能力提升平台，师范生不仅可以自主地选择学习内容和学习路径，还可以通过各种交互工具，与其他学习者或教育工作者进行深入的交流和合作。这样的交互性和自主性有利于师范生的主动学习，有利于其在实际教学中的问题解决，有利于其创新思维和批判性思考的培养。

（三）提高学校教育资源共享水平

信息化社会背景下，我国教育改革重点指向教育资源的共享，而教学能力提升平台的建设，无疑成为实现教育资源共享的有效方式。教学能力提升平台的建设，将教育资源数字化、网络化，形成可以在线获取、在线学习、在线交流的资源库。这大大增加了教育资源的获取渠道，提高了教育资源的利用效率，也使得更多的师范生和教育工作者能够享受到优质教育资源带来的便利。通过教学能力提升平台，师范生可以随时随地获取到最新的教学理论，学习到最实用的教学方法，掌握最前沿的教学技术。同时，他们也可以在平台上分享自己的教学设计，发布自己的教学研究，以此提高自己的专业水平，提升自己的教学能力。在这个过程中，教育资源的共享不仅提升了师范生的学习效果，也丰富了他们的学习体验。教学能力提升平台还具有很好的扩展性和开放性，可以集成来自不同来源、不同领域、不同层次的教育资源。例如，可以将来自政府、学校、教育机构、教育工作者等各方的教育资源进行整合，形成一个全面的教育资源库；可以将来自不同学科、不同阶段、不同类型的教学资源进行整合，形成一个多元化的教学资源库。这不仅提高了教育资源的丰富性和多样性，也为师范生提供了更宽广的学习空间。

更为重要的是，教学能力提升平台的建设，实现了教育资源的跨地域共享。这意味着，无论在什么地方，只要有网络连接，师范生和教育工作者都可以访问平台上的资源。他们可以在平台上学习最新的教学理论，掌握最前沿的教学技术，也可以与来自其他地区的同行进行交流和合作。这无疑极大地提升了教育资源的利用效率，也缩小了地域之间的教育资源差距。例如，平台可以整合来自城市学校的教学经验，也可以整合来自乡村学校的教学实践，使师范生和教育工作者能够从不同的教育环境中学习及借鉴，从而提升自己的教学能力。

二、教学能力提升平台的建设目标

（一）建立完善的教学资源库

建立完善的教学资源库是师范生信息化教学能力创新培养的教学资源建设的重要目标之一。教学资源库的建设旨在为师范生提供多样化、丰富而有效的教学资源，以支持他们在信息化教学中的教学实践和能力提升。

学校在建立教学资源库过程中，应该涵盖各个学科领域和教学阶段，以满足师范生在信息化教学中的各种需求。不同学科的教学资源应该有针对性地收集和

第五章 师范生信息化教学能力创新培养的教学资源建设

整理，包括各类教科书、课件、视频、音频、图片、实验指导等。同时，可以开展教师资源共享的活动，邀请优秀教师共享他们的教学资源和经验，使教学资源库更加丰富和多样化。资源库的建设可以通过多种方法和途径来实现。首先，可以通过网络平台进行资源的收集和共享。例如，可以建立一个教师资源分享平台，让师范生和教师可以上传和下载教学资源。其次，可以邀请专家学者和优秀教师参与资源的开发及整理。他们可以根据自己的教学经验和专业知识，开发出符合信息化教学需求的教学资源，并进行评审和审核，确保资源的质量和有效性。此外，可以利用现有的教学资源库和学术数据库，进行资源的检索和筛选，为师范生提供高质量的教学资源。资源库的建设不仅仅是资源的收集和整理，更重要的是推动教师和学生的有效利用。在平台上设置一些辅助工具和功能，帮助师范生更好地利用资源进行教学设计和教学实施。例如，可以提供教学设计模板和案例分析工具，引导师范生进行教学设计和反思。同时，可以提供在线讨论和互动平台，让师范生可以分享自己的教学经验和疑惑，并得到专家和同行的反馈和指导。

（二）推动学生学习方式、教师教学方式变革

师范生教学能力提升平台建设的另一个目标是推动学生学习方式和教师教学方式的变革，以适应信息化教学的需求和挑战。

一方面，对学生学习方式的变革。教学能力提升平台可以通过提供多样化的学习资源和学习工具来激发学生的学习兴趣及主动性。平台可以提供在线课程、虚拟实验室、学习游戏等丰富的学习资源，帮助学生以自主、探究、合作和创新的方式进行学习。学生可以根据自身兴趣和学习需求，选择适合自己的学习内容和学习路径，实现个性化学习的目标。此外，平台可以提供学习工具和学习辅助功能，如在线讨论平台、学习管理系统等，促进学生之间的交流与合作，培养学生的团队合作和沟通能力。

另一方面，对教师教学方式的变革。教学能力提升平台可以提供教师教学指导和培训，帮助教师掌握信息化教学技能和方法。平台可以为教师提供各类教学资源和教学工具，包括课件、视频、在线教学平台等，使教师能够灵活运用这些工具和资源进行教学设计及教学实施。教师可以利用平台上的资源和工具，设计

创新的教学活动，激发学生的学习兴趣和积极性。同时，平台可以提供教师间的交流与分享机制，促进教师之间的经验交流和合作，提高教师的教学能力和专业水平。

通过提供多样化的学习资源和学习工具，激发学生的学习兴趣和主动性；同时，为教师提供教学指导和培训，帮助其掌握信息化教学技能和方法。这些目标的实现将有效提升师范生的信息化教学能力和素养，推动教育教学的创新与发展。

（三）使信息技术成为提高课堂教学能力魔法棒

在当前的信息化时代，信息技术成为提高课堂教学能力的魔法棒，具有广泛且深远的影响。可以说，信息技术正在改变教育的面貌，从教学设计、教学实施到教学评价，都有信息技术的身影。信息技术的运用极大地丰富了教学内容。传统的教学资源主要包括教科书、参考书等纸质材料，而信息技术打破了这种局限，提供了丰富多样的数字化教学资源，如电子书籍、在线视频、虚拟实验等。这些资源可以直观、形象地展示知识点，使知识传递更加有效，更能吸引学生的兴趣，激发他们的学习欲望。同时，信息技术为教学交互提供了新的方式。利用信息技术，可以建立在线讨论区，让学生在课堂之外进行深入的交流和探讨；可以使用即时通信工具，进行实时的互动和反馈；可以开展远程协作学习，让学生在协作中提升团队合作能力和问题解决能力。这些方式都能让学生更深入地参与到学习过程中，使他们的学习更加主动、自主。信息技术也在改变教学评价的方式。通过大数据和人工智能技术，可以收集和分析学生的学习数据，如学习时长、学习频率、学习成果等，以此评估他们的学习效果。与传统的考试评价方式相比，这种方式更加客观、公正，也更有利于发现学生的学习问题，及时进行教学调整。此外，信息技术还有助于提高师范生成为教师后的教学效率。师范生可以利用信息技术进行教学设计，如制作PPT、创建课程网站等；可以使用信息技术进行教学管理，如管理学生名单、发布课程通知等。这些都能让教师把更多的精力投入到教学实践和学生互动中。

无疑，信息技术正成为提高课堂教学能力的魔法棒。但这并不意味着可以完全依赖信息技术，忽视了教师的专业能力和教学艺术。信息技术只是教学的工具，真正的教学还需要师范生自身智慧、情感和责任。因此，师范生在使用信息技术时，需要保持敬业精神和批判性思维，不断提升自己的教学能力和素养。

三、教学能力提升平台的建设途径

（一）教育理论教学

教育理论教学是提升师范生信息化教学能力的重要手段。理论教学的主要目标是让师范生理解教育的本质、目标、原则和方法，深入研究和掌握教育学的基本知识和技能。正是基于这样的理解，师范生可以在教学过程中适应各种变化，灵活运用各种教育策略和手段，有效地促进学生的学习和发展。从教育理论教学的角度看，这不仅包括基础的教育学、心理学、课程与教学论等方面的知识，还包括信息化教育的相关理论知识。信息化教育不仅改变了教学的方式和手段，而且对教育理论本身也提出了新的要求。因此，师范生需要系统地学习和掌握信息化教育的相关理论知识，包括信息化教育的发展趋势、理论基础、教学策略、教学评价、教学资源开发和利用等方面的内容。教育理论教学不仅要注重知识的传授，还要注重能力的培养。师范生需要学会如何将所学的理论知识应用到实际的教学工作中。在教学实践中，他们需要学会分析教育现象、解决教育问题，提出教育策略，设计和实施教学活动。而这些能力的培养，需要通过情景模拟、案例分析、课题研究等多种教学方法，引导师范生主动思考、积极探索，培养他们的实际操作能力和创新能力。

（二）课堂模拟演练

课堂模拟演练是通过创建虚拟教室环境，让师范生在模拟的课堂上实践教学技巧和策略，从而提升信息化教学能力。课堂模拟演练以真实的教学环境为基础，制造出具有可操作性和交互性的虚拟课堂，使师范生能够在没有实际教学压力的情况下，尝试各种教学方案，并从中得到反馈和改进。这种方法帮助他们在脱离实际课堂环境的同时，能有效地理解和掌握信息化教学的策略和技巧。在课堂模拟演练中，师范生可以自由设定课堂情境，如学生的年龄、性别、学习风格、学习兴趣等。这使他们有机会探索如何在不同的教学情境下使用不同的信息化教学策略。此外，他们可以通过模拟不同的教学问题和困难，如学生的学习困难、纪律问题等，提高自己处理教学问题的能力。课堂模拟演练也可以通过反馈和评价机制，帮助师范生发现和改正自己的教学问题。他们可以通过观看自己的教学录像，反思自己的教学行为，发现自己的教学优点和不足。同时，他们可以通过互评和师资评价，得到他人的反馈和建议，从而更好地改进自己的教学。

（三）微格教学

微格教学，也称微型教学，近年来在师范生教学能力提升领域逐渐受到重视。该教学模式旨在将教学过程中的关键环节进行拆分，然后针对这些环节进行细致的模拟训练和反馈评估，以帮助教师提升具体的教学技能。具体来说，它强调了以下几个关键环节：

1. 实践和反馈

实践和反馈在微格教学中具有核心地位。通过设备，如摄像机和录像机的使用，将教学模拟过程进行录制和播放，从而使师范生能够直观地看到自己的教学表现，找出教学过程中的问题，并进行针对性的修正。这种强调实践和反馈的方式，让师范生有机会不断试错和调整，而不是仅仅停留在理论上的学习。

2. 自我观察和诊断

自我观察和诊断也是微格教学的重要部分。通过观看自己的教学录像，师范生可以在教学过程中对自身的行为和技能进行反思及分析，从而更好地理解自己在教学中的优点和不足。这种自我观察和诊断的过程有助于师范生建立起自我调整和改善的能力，让他们能够在未来的教学实践中进行更有效的自我指导。

3. 多样化的形成性评价方式

多样化的形成性评价方式是微格教学中的一大亮点。形成性评价方式强调在教学过程中进行评价，以帮助学生了解自己的学习情况，并指导学生如何改进。在微格教学中，师范生既可以通过自我观察和反思对自己的教学表现进行评价，也可以通过同伴评价获取更多角度的反馈，这种方式有助于师范生全面地了解和改进自己的教学技能。

（四）课外活动

课外活动在教育领域中的地位日益显著，其不仅补充和延展了课堂教学的内容，还为师范生提供了多元化的学习场景和方式，能够极大地促进师范生的全面发展。课外活动的特色体现在其对知识应用的强调上。课外活动提供了这样一个平台，使师范生有机会将理论知识转化为实际操作，从而加深对知识的理解，并在实践中发现新的知识，掌握新的技能。课外活动的多样性是其显著特点。活动内容丰富多彩、形式多种多样，这种多元化的特性可以激发师范生的学习兴趣和动机，使师范生在轻松愉快的环境中学习知识，探求真理，从而更积极地参与学习，提高学习效率。另外，课外活动在培养师范生的创新能力和手脑并用的能力方面也起到了重要作用。通过参与活动，师范生可以锻炼自己的动手能力，提高解决问题的技巧，发挥创新思维，而这些技能在未来的学习和工作中都非常重要。课外活动有助于培养师范生的社会技能和团队合作能力。在活动中，师范生需要与他人进行交流和合作，这不仅能够提高他们的沟通技巧，也有助于他们理解和尊重他人，学会在团队中发挥作用，这对于他们未来的社会生活具有重要影响。

（五）模拟课堂教学

模拟课堂教学是师范生信息化教学能力创新培养的关键环节。该方法将真实的教学场景和情境在安全、支持性的环境中进行重构，从而为师范生提供一个实践教学理念、磨炼教学技能的重要平台。在模拟课堂教学中，师范生扮演教师角色，进行教学设计、实施教学，并处理可能出现的教学问题。由于在模拟环境中，师范生无须担忧犯错带来的实际后果，这为他们提供了一个大胆尝试、能自由探索的空间。通过反复实践，师范生可以逐步掌握教学理念，提升教学技能，增强教学自信。模拟课堂教学还为师范生提供了接受反馈、进行反思的机会。在模拟教学结束后，导师和同伴可以对教学过程进行点评，给予建议，这有助于师范生从多角度审视自己的教学行为，及时发现并改正问题，促进自身教学能力的持续成长。模拟课堂教学在培养师范生的教学决策能力方面具有独特的优势。在教学过程中，教师常常需要根据学生的反应、课堂的氛围及时作出教学决策。通过在模拟课堂中处理类似的情境，师范生可以逐渐熟悉教学决策的过程，提高教学灵活性和应变能力。模拟课堂教学可以促进师范生对教学情境的理解和把握。在模拟课堂中，师范生可以通过实际操作，深入体验和理解教学情境中的各种因素，如学生的需求和反应、教学资源的运用、教学策略的选择等，这有助于他们在未来的教学中更好地管理和利用教学情境，实现教学目标。另外，模拟课堂教学对于师范生职业认同感的培养也起到积极的推动作用。在模拟教学中，师范生有机会尝试教师的角色，体验教师的工作，这有助于他们更深入地理解教师的职责和任务，激发对教师职业的热爱和尊重，提升职业认同感。

（六）教育实习

教育实习是一个为学生提供触摸教学实践、揭示教育内涵、培养教师职业技能的重要平台。通过教育实习，师范生有机会把从课本中学到的知识投射到真实的教育情境中，使理论知识得以实地检验。这个过程不仅能够加深师范生对知识的理解，而且可以培养他们灵活运用知识解决实际问题的能力。知识不再是抽象的概念，而是有形的工具，能够被有效地应用到教育实践中。教育实习提供了真实的教学环境，使师范生有机会直面教育的复杂性，培养他们处理各种教育问题的能力。在实习过程中，他们会面临各种预料之外的情况，例如学生的不同反应、教学资源的有限性、教育政策的影响等。在处理这些问题的过程中，师范生可以锻炼自己的教学决策能力，提高对教育的敏感性和适应性。在教育实习中，师范生不仅有机会与真实的学生互动，还能与在职教师、家长、社区成员等多元的教育参与者交流。这个过程可以培养他们的沟通和协作能力，加深他们对教育社区的理解，为他们成为具有社会责任感的教师奠定基础。

四、教学能力提升平台的建设内容

（一）教学技能实训室

教学技能实训室的价值体现在师范生的教学实践中。在实训室中，师范生可以实施模拟教学，这种真实的场景可以帮助他们克服在教学中可能遇到的困难，进一步提高他们的教学技巧和能力。此外，实训室可以帮助师范生理解和掌握教学技能的各个方面，包括课程设计、教学方法的选择以及有效的课堂管理技巧。

以此方式，师范生可以充分利用教学技能实训室，从而在教学实践中发挥出最大的潜力。

（二）资源制作室

资源制作室的主要功能是帮助师范生学习和实践制作教学资源的技巧。包括使用各种软件制作课件，创建多媒体学习材料，编写教学手册等。资源制作室提供了必要的设备和工具，让师范生有机会创作出适应不同学科和年级需求的教学资源。这样，他们就可以提前适应教育技术的发展，为未来的教育生涯做好准备。

（三）在线学习室

在线学习室提供了一个自主学习的环境。这个环境鼓励师范生自我驱动，以自己的速度和方式掌握知识。它也为学生提供了一个与他人交流和合作的平台，通过这种方式，他们可以了解多元化的观点，发展高级的思考技巧。此外，通过在线学习，他们可以增强信息素养，提升自我学习和生涯规划的能力。

（四）教师成长资料室

教师成长资料室充满了教师成长的相关资料，这些资料旨在帮助师范生理解教师的角色，并建立正确的教育理念。从教育理论书籍到优秀的教学案例，从教育研究报告到教师成长日志，这些丰富的资料可以帮助师范生反思自己的教学实践，激发他们对教学的热情，促使他们成为反思型的教师。

（五）语言培训与测试中心

语言培训与测试中心提供了一个真实而具有挑战性的环境，师范生可以在这个环境中对普通话和教师口语进行深入的学习和实践。该中心配备了丰富的语言学习资源库，包含各种语言学习材料和工具，如音频、视频、教案、模拟教学场景等。师范生可以通过使用这些资源，进行深入的语言学习和练习。语言培训与测试中心不仅提供了普通话和教师口语的学习资源，还设有相应的语言测试服务。这意味着师范生可以在此接受普通话和教师口语的水平测试，以评估他们的语言能力是否达到或超过合格教师的标准。

（六）未来教学体验室

未来教学体验室通过提供最新的教育技术和教学模式，为师范生提供了体验未来教学的机会。在这里，师范生可以接触到虚拟现实（VR）、增强现实（AR）和混合现实（MR）等新型教学技术，体验它们在教学中的应用。他们可以通过实践学习和协作学习等新型教学模式，提升他们的教学创新能力。

（七）虚拟环境演播室

虚拟环境演播室是一个模拟真实教学环境的设施。这个设施通过利用先进的科技手段，通过创建不同的虚拟环境和角色，使得课堂教学更为生动、直观，进而提升教学效果。具备导播台、编辑机、字幕机等集成综合能力的演播室，使得教学过程可以实现多样化展现，丰富的视听效果帮助师范生更好地掌握和传递知识。

（八）校外教师教育实训中心

校外教师教育实训中心与学校的连接主要通过音视频双向传输技术实现，这使得师范生能够在基础教育的实际环境中观摩和学习，而不仅仅是在课堂上。校外教师教育实训中心还可以加强师范生与基础教育一线的联系，帮助他们更好地理解和掌握基础教育的改革及发展动态。在这个过程中，师范生可以从中学习到新的教育理念和教学方法，以及如何在实际的教学工作中将这些理念和方法运用到实践中。同时，校外教师教育实训中心通过资源共享，进一步提升了师范生的教学能力。他们可以利用这些资源，如各种教学材料、教案、课堂录像等，来提升自己的教学技能，使自己的教学能力达到新的高度。

第二节 信息化资源技术支持系统的建设

一、网络教学系统的建设

（一）基于Internet的远程教学系统建设

21世纪，互联网的快速发展已经深入到了人们的日常生活中，包括教育领域。基于Internet的远程教学系统建设正在成为教育技术的一种重要发展趋势。这种系统通过网络连接教师和学生，无论时间和地点，只要有网络连接，都可以进行教学活动。这种系统的构建有两个重要的方面。

一是创建用户友好的界面，让教师和学生能够方便地使用系统。用户体验的良好与否直接影响到学生对系统的使用意愿，因此，必须确保界面设计直观、清晰，操作简单。还需要提供多种学习资源，这包括但不限于文字、图片、音频、视频等。多媒体教学资源可以满足不同学生的学习需求，同时提高学习的趣味性和效率。除此之外，为了适应不同的学习风格和节奏，提供自适应学习路径也很重要。这意味着可根据学生的学习进度和理解能力，提供相应的教学差异。

二是提供互动功能。在线讨论区、实时答疑等功能可以帮助构建一个互动性强的学习社区，让学生能够更好地理解和掌握知识。此外，为了让学生可以随时检查自己的学习进度和理解程度，系统应提供在线测试和反馈机制。然而，要构建一个成功的基于Internet的远程教学系统，还需要考虑到一些安全和隐私的问题。因为系统需要处理大量的用户数据，如学生的姓名、成绩等，因此必须采取相应的安全措施，以防止数据泄露。此外，系统应尊重用户的隐私，不无故泄露学生的个人信息。

（二）基于电视与计算机相结合的远程教育系统建设

基于电视与计算机相结合的远程教育系统是一种结合了现代通信技术和教育教学需求的教育新模式。通过有线或开路电视系统，师范生可以直接获得比互联网上传输质量高得多的视频和音频信息。相比于互联网的传输，电视信号的稳定性更高，可以提供更清晰、更流畅的教学视频和音频。师范生可以通过电视接收器或者电视盒子连接到教育电视台，观看精心制作的教学节目。这种方式不受互联网带宽的限制，尤其适用于教育资源相对匮乏或者网络状况较差的地区。与此同时，通过网络实现远程教学课件的浏览与学习，师范生可以根据自己的学习进度自由选择学习内容。远程教育平台提供了丰富的在线课程和教学资源，师范生可以通过计算机或者智能电视访问这些资源。这种方式打破了传统教室的时间和空间限制，师范生可以在任何时间、任何地点进行学习。同时，远程教育平台还提供了在线讨论和互动功能，师范生可以与教师和其他师范生进行实时的交流和讨论，促进学习效果的提高。此外，通过电子邮件传送作业或答疑，师范生可以与教师进行个性化的学习指导。师范生可以通过电子邮件向教师提交作业，教师可以针对师范生的作业进行批改和评价，并提供相应的指导和建议。此外，师范生可以通过电子邮件向教师提出疑问，教师可以及时回复解答，保证师范生的学习进程不受时间和空间的限制。这种个性化的学习指导可以更好地满足师范生的学习需求，提高学习效果。

利用卫星电视系统传输制作好的 CAI 课件，使师范生通过卫星下载相关的 IP 课件，在多媒体计算机上进行自主学习。CAI（Computer-Assisted Instruction）课件是一种结合了计算机技术和教学内容的学习资源，它包括了丰富的图文、音视频等元素，可以更生动、直观地呈现知识。通过卫星电视系统传输 CAI 课件，师范生可以在家中或者学习中心通过计算机进行学习，充分利用计算机的交互性和自主性。师范生可以根据自己的学习进度选择不同的课件进行学习，并通过计算机上的互动功能进行练习和测试。

（三）基于双向传输的 HFC 有线电视网络系统建设

基于双向传输的 HFC 有线电视网络系统建设是一种结合光纤和同轴电缆的网络结构，具有双向传输和多功能开发的优势。HFC 网络系统通过集成光电功能，利用 MPEG2 视音频编码压缩技术和 DVB2C 数字广播技术，提供了高质量的视频、音频和数据服务。在师范生信息化教学能力创新培养过程中，这种网络系统可以实现教学过程的实时转播、实时交互与课堂交流。师范生可以通过 HFC 网络系统接收到教育电视台或者教育资源中心提供的优质教学节目，享受到高清晰度的视频和音频体验，提高教学效果。同时，HFC 网络系统的双向传输功能为师范生提供了交互式学习和实时互动的机会。师范生可以通过 HFC 网络系统与教师进行实时的远程讲解和答疑，提出问题并及时得到解答。此外，HFC 网络系统支持多功能的开发。通过该系统，师范生可以利用网络平台进行教学资源的共享和互动学习。教育机构可以将教学资源制作成数字化的课件或者教学视频，并通过 HFC 网络系统传输到师范生的终端设备上。除了教学内容的传输和学习交流，HFC 网络系统还能够支持师范生的在线评估和考试。通过该系统，教育机构可以提供在线的测试和考试平台，师范生可以在指定的时间和地点进行在线考试，减少了考试时间和地点的限制，同时提高了考试的安全性和效率。

（四）视频会议系统建设

视频会议系统的建设是一个涉及硬件设备和软件平台两个方面的综合性工程。在硬件设备方面，视频会议系统需要配备摄像头、麦克风、扬声器和显示屏等设备。摄像头用于捕捉视频信号，将师范生的实时图像传输到远程会议参与者；麦克风负责采集师范生的语音，并将其传输给远程参与者；扬声器用于播放远程参与者的语音；显示屏则展示远程参与者的图像和共享内容。这些硬件设备需要具备良好的性能和兼容性，以确保视频会议的顺利进行。

视频会议系统的建设还涉及软件平台的选择和配置。软件平台提供了视频会议的功能和界面，支持师范生之间以及师范生与教师之间的实时交流和协作。软件平台应具备稳定的网络连接、流畅的视频和音频传输，以及多种交互功能，如屏幕共享、文档共享、实时聊天等。它还应具备易于使用和操作的用户界面，以方便师范生的参与和操作。

视频会议系统的建设对于师范生的信息化教学能力培养具有重要意义。通过视频会议系统，师范生可以参与远程教学、小组合作和个别辅导等多种教学活动。在远程教学中，师范生可以通过视频会议系统观看教师的课堂授课，并与教师和其他师范生进行实时互动和讨论。这种形式的教学使得师范生不再受限于时间和地域的限制，能够自由选择适合自己的学习时机和地点，提高了学习的灵活性和便捷性。

二、精品课程录播教室的建设

（一）精品课程录播教室建设的基本要求

精品课程录播教室建设的基本要求是实现教室的实时录制，支持各种类型的多媒体课件的录制，并支持实时授课的直播。

建设视频课件录制、编辑、管理和点播系统，与远程授课同步录制对应视频课程。这要求系统能够支持多种类型的多媒体课件录制，包括幻灯片、实验演示、教学视频等。录制系统应具备简便易用的操作界面，能够方便教师进行录制和编辑。录制的课程应能够与教学资源中心的存储系统对接，经过编辑和整理后存放在资源中心，供师范生进行视频点播。

建设的录播教室需要具备高清设备的扩展能力，以适应未来建设和发展的需求。选择的硬件设备和软件产品应具备灵活性，能够与未来的高清设备进行兼容，从而保障系统的可持续发展。

在选择软件产品和硬件设备时，应坚持先进和可靠的原则，力求成本低、效益高、技术先进。软件产品和硬件设备的性能和技术要求应该协调一致，符合国家标准和行业规范。此外，需要考虑建设和技术的发展，确保系统具备一定的灵活性和扩展能力，能够在相当长的时间内保持先进性。

另外，精品课程录播教室的建设需要考虑系统的稳定性和可靠性。建设者应选择经过验证和可靠的软件产品及硬件设备，以确保系统在长时间运行和频繁使用的情况下能够稳定运行。同时，需要对系统进行定期的维护和升级，以保持系统的性能和功能的稳定和持续发展。

（二）精品看课程录播教室的建设内容

精品课程录播教室建设的基本内容包括多媒体教室和中心服务器机房两个方面。

1. 多媒体教室

（1）视频采集部分。这一部分主要涉及摄像机和视频采集设备的选择和配置。摄像机应选择高清晰度、高画质的设备，能够实时采集教师讲解和教学活动的视频信号。同时，需要考虑摄像机的布局和位置，以确保全方位的录制效果。

（2）声音采集部分。该部分包括麦克风和音频采集设备的选择和设置。麦克风应具备清晰、准确地采集教师语音的能力，确保录制的声音质量。同时，需要合理安装麦克风设备，以保证教师的声音能够准确传递。

（3）全自动录制控制部分。全自动录制控制部分是精品课程录播教室中的核心技术。通过先进的自动控制系统，能够实现教室内多个设备的协调工作，实现全自动的录制过程。包括自动调节摄像机的焦距、画面切换和角度调整等，以确保录制的内容全面、准确。

（4）录播便携机。录播便携机是为师范生提供自主学习的设备。录播便携机的设计旨在满足授课教师自带笔记本的需求，通过便携式移动录播机实现多媒体课件的录制和直播。录播便携机配置了一块 VGA 采集卡，用于采集教师主机或外带笔记本的桌面内容。VGA 采集卡能够实时捕捉教师屏幕的图像和视频信号，确保录制的内容清晰、准确。通过 VGA 采集卡，教师的课件演示和操作过程能够被准确记录下来，并与教师的音频信号同步。另外，录播便携机还配置了一块 4 路音视频采集卡，实现同时采集教师和学生的视频信号。这意味着录播便携机能够同时录制多个教师和学生的互动情况，为后续的教学评估和回放提供更全面的数据。通过音视频采集卡，录播便携机能够捕捉到教师和学生的实时视频信号，记录他们的表情、动作和互动情况。

2. 中心服务器机房

中心服务器机房承担着教学资源的存储、管理和分发的重要职责。中心服务器机房需要具备大容量的存储空间和高性能的处理能力，以满足教学资源的存储和处理需求。服务器还需要配备可靠的数据备份和恢复机制，以保证教学资源的安全和可靠性。

（三）智能录播系统的建设

智能录播系统是一套具备多媒体教学功能的先进系统，它通过集成多种技术和功能，实现了课堂教学的实时直播、教师和学生视频的自动跟踪、教师屏幕的实时采集、支持软件导播以及生成高清视频格式的课件支持等。

1. 课堂教学实时直播

智能录播系统的核心功能之一是实现课堂教学的实时直播。通过摄像机和音频采集设备，系统能够实时捕捉教师和学生的视频及音频信号。这些信号经过处理和编码后，通过网络进行实时传输，使远程师范生能够实时观看和参与课堂教学。实时直播功能打破了时间和地域的限制，提供了灵活和便捷的学习方式。

2. 教师和学生视频的自动跟踪

智能录播系统配备先进的人脸识别和跟踪技术，实现教师和学生视频的自动跟踪。系统能够自动识别教师和学生的脸部特征，并实时跟踪他们的动态。通过自动调整摄像机的焦距和角度，系统确保录制的视频能够准确、清晰地呈现教师和学生的面部表情和动作。自动跟踪功能提高了录播的质量和效果，使师范生能够更好地观察和理解教学过程。

3. 教师屏幕实时采集

智能录播系统支持教师屏幕的实时采集。通过配置合适的采集设备和软件，系统能够实时捕捉教师屏幕上的内容，包括课件演示、软件操作等。教师的屏幕内容能够与教师视频和音频信号同步录制，并通过系统进行实时导播。这样，师范生能够更清晰地观看教师的课件演示和操作过程，提高了学习的效果和理解力。

4. 支持软件导播

智能录播系统配备强大的软件导播功能，教师能够根据教学需要自由切换和组合不同的录播信号，包括教师视频、学生视频、屏幕内容等。教师可以根据教学进程和教学目标，灵活地进行信号的切换和呈现，以提高教学的效果和引导学生的注意力。软件导播功能丰富了录播教学的形式和内容，使教学更加生动和多样化。

5. 课件支持生成高清视频格式

智能录播系统支持将课件生成高清视频格式。通过采用先进的视频编码技术，系统能够将录制的课件内容进行高效的压缩和编码，并生成高清视频格式。这使师范生能够以更好的视听效果观看录制的课件，提高了学习体验和效果。

三、多媒体综合教室的建设

（一）多媒体综合教室建设需求

多媒体综合教室的建设需求是基于师范生信息化教学能力创新培养的目标和教学需求。它涵盖了用户需求、物理建设需求和功能建设需求。通过满足这些需求，多媒体综合教室可以提供优质的教学环境和资源，促进师范生的信息化教学能力的培养和提高。

1. 用户需求

师范生和教师的教学需求是多媒体综合教室建设的关键驱动因素。师范生需要多样化的教学资源，包括教学视频、模拟实验、课件等，以便进行互动学习和实践训练。他们需要与教师进行实时互动，提出问题、回答问题并参与讨论。教师需要方便地使用多媒体教学工具，进行教学演示和实时互动，以提供高质量的教学体验和知识传递。

2. 物理建设需求

（1）教室的建设。多媒体综合教室的物理环境应符合教学需求和舒适性要求。它应提供适当数量的座位，并具备良好的照明、空调和音响设备，以确保师范生的学习体验和教学效果。

（2）控制室的建设。控制室是多媒体综合教室的核心控制中心。控制室的建设需要配置适当的设备和软件，以实现中央控制和管理多媒体教学系统的功能。常见的设备包括中央控制台、交换机、服务器、电脑等。中央控制台是控制室的核心设备，用于集中控制和管理教室内的多媒体设备，如投影仪、音响、摄像头等。交换机和服务器用于网络连接和数据存储，确保教学资源的传输和管理。电脑上安装着控制室管理软件，通过该软件可以实现对教室内设备的监控和远程控制。控制室与教室之间的网络连接是控制室建设的重要部分。它提供了控制室和教室之间实时通讯和数据传输的基础。为了实现稳定和高速的网络连接，需要合理规划和布置网络设备，如交换机、路由器和光纤等。此外，应采用合适的网络安全措施，保护数据的机密性和完整性。

3. 功能建设需求

（1）中央集中控制。多媒体综合教室应具备中央集中控制的功能，即教师和管理员能够通过控制室对教室内的各类设备进行集中控制和管理。这包括投影仪、音响系统、电脑、摄像头等多媒体设备的远程开关、亮度调节、音量控制等操作。通过中央集中控制，教师可以便捷地控制教学设备，提高教学效率和便利性。

（2）开放式的多媒体教室的建设。中央控制设备采用多媒体网络中控系统，操作极其简单，实现了"开门即用，关门即走"的便捷性。操作人员只需打开电子讲台的盖门，控制系统会自动按照系统开启步骤完成各种设备的操作，如打开投影机、降下电动屏幕等。教师在教学时无需烦琐的设备操作步骤，可以直接进行教学活动，提高了教学效率和便利性。下课时，只需关闭电子讲台的盖门即可离开教室，无须等待设备冷却散热，节省了时间和精力。

（3）视频直播。视频直播系统通过中央控制室的授权和调度，实现了智能视频直播功能。教师和管理员可以通过控制室对视频直播进行灵活的操作和控制，实现定向、定时的直播播放。这种智能视频直播功能为教学提供了更大的灵活性和便利性，让教学过程更加智能化和高效化。

（4）教学资源的存储、点播功能。多媒体综合教室应具备教学资源的存储和点播功能，以支持师范生的自主学习和复习。教学资源包括教学视频、课件、教辅材料等，这些资源应以数字化形式存储于系统中的资源库中。师范生可以根据自身学习需求自主选择和观看相关教学内容，提高学习效率和个性化学习体验。

（5）控制室与教室之间的通讯功能。多媒体综合教室的控制室与教室之间需要建立稳定的通讯功能，以实现实时的控制和监控。教师和管理员可以通过控制室与教室内的设备进行远程控制和操作，调整设备参数、教学资源和互动功能等。通讯功能的建设可以通过网络连接、无线通信或其他适当的技术手段来实现，确保控制室与教室之间的快速、可靠的信息交流。

（二）多媒体综合教室硬件建设

1. 功能齐全的输入输出设备

多媒体教室需要配备完备的输入输出设备，包括摄像机、录像机、彩电图像扫描仪、彩色视频拷贝机、彩色打印机等。这些设备能够满足教师的教学需求，支持多种多媒体资源的录制、扫描、复制和打印。

2. 大容量外存储设备和高速、大容量内存的计算机

为了存储和管理大量的教学资源，多媒体综合教室需要配备大容量的外存储设备，如硬盘阵列、网络存储设备等。同时，计算机的内存和处理器应具备高速和大容量的特点，以确保教学过程中的流畅运行和高效处理。

3. 投影仪的选择和功能

投影仪是多媒体综合教室中最重要的设备之一。在选择投影仪时，除了考虑投影效果的清晰度和亮度外，还应关注其功能特点。例如，选择具有自动延迟保

护功能的投影仪,能够在教师未关闭投影灯的情况下,延迟关闭电源,保护投影机的使用寿命。

4. 简化操作和维护

为了使多媒体综合教室的设备操作简便、维护方便,可以采用一些措施。例如,设置电源自动延迟保护功能,降低设备的高温对投影机的损害;选择具有自动调节音量功能的音响系统,方便教师调整音量大小;提供清晰明了的操作界面和简化的维护流程,减少教师的操作负担。

(三)多媒体综合教室中央控制系统建设

1. 系统结构

多媒体综合教室的中央控制系统应具备合理的系统结构,以确保设备之间的互联和数据的传输。常见的系统结构是基于网络架构,通过局域网或无线网络连接教室内的多媒体设备和控制中心。这种架构可以实现设备之间的快速通信和集中管理,方便教师对教学过程进行控制和调度。

2. 系统建设

(1)控制室主要设备——网管平台。控制室中的网管平台是多媒体综合教室建设中的关键设备之一,它为学校提供了一套贯穿整个多媒体教室教学全过程的软件平台。该平台涵盖了多个功能模块,用于支持和管理多媒体教学系统的各项任务。

1)网络操作系统分发平台。这个平台负责多媒体综合教室中各种设备的操作系统分发和更新。通过网络连接,网管平台可以向教室内的设备发送操作系统的升级或修复补丁,确保设备的正常运行和最新功能的使用。

2)系统网管平台。系统网管平台是整个多媒体综合教室的核心管理工具。它提供了集中监控和控制的功能,教师和管理员可以通过该平台实时监测教室内的设备状态、控制设备的开关机、调节音量、选择输入源等。网管平台还可以进行设备故障诊断和日志记录,方便故障排查和维护。

3)资源点播服务软件平台。该平台允许教师和学生通过网管平台进行资源点播,即选择并播放教学资源,如教学视频、教材、课件等。资源点播服务软件平台提供了便捷的资源管理和浏览功能，教师可以根据教学需求选择合适的教材和课件，学生可以随时回顾和学习相关内容。

4）数字监控平台。数字监控平台用于对教室内的监控设备进行集中管理和控制。通过该平台，教师和管理员可以实时监测教室内的视频画面，确保教学过程的安全和秩序。数字监控平台还可以进行录像和回放，以便后续的教学评估和回顾。

5）双视频流（示范教学软件平台）。这个软件平台允许教师进行示范教学，并将教学过程以双视频流的形式传输到学生端。教师可以通过网管平台选择合适的示范教学软件，展示教学过程中的实时操作和演示内容，学生可以在自己的终端上观看并跟随教学。

6）远程教学/发布软件平台。远程教学/发布软件平台支持教师进行远程教学和资源发布。教师可以通过该平台在不同的教室进行远程教学，或将教学资源发布到学校的网络平台上，供学生自主学习和回顾。

（2）多媒体教室主要设备——多媒体网络中控器。多媒体网络中控器是一种专为多媒体教室建设而设计的重要设备，它能够实现多媒体设备的集中管理和控制，为教学提供便捷和高效的技术支持。多媒体网络中控器通过与教室内各类设备的网络连接，实现对这些设备的远程管理和控制。教师和管理员可以通过中控器进行设备的开关、调节音量、选择输入源等操作，而无须直接接触设备。这样一来，教师可以轻松地控制教室内的多媒体设备，提高教学效率和流程的顺畅性。多媒体网络中控器支持视音频直播和点播功能。教师可以通过中控器实时直播教学内容，将视频、音频和课件等信息传输给学生终端，实现远程教学。同时，中控器还能够录制教学内容并进行点播，学生可以根据自身需求随时回顾和学习教学资源。这样的功能使得教学资源的共享和利用更加灵活和便捷。

（四）多媒体综合教室教学系统建设

1. 系统结构

系统结构涵盖了终端设备（教师机或多媒体网络中控）与资源库的连接和操作，以及对资源点播的支持。系统利用多画面课堂实时录播系统，可实现对教室端多视频流同步合成的直播、点播、精品课件制作等功能。

（1）资源的建设。系统配置的资源点播平台包含基于 B/S 结构的资源管理平台，这为教师资源的上传提供了基于 B/S 结构的开放式管理平台。教师可以方便地在办公室、家等地方，通过 IE 浏览器连接到资源服务器，根据权限浏览公共资源库，或上传素材、建立分类、创建自己的私有资源库，并管理其资源库。

（2）教室端对资源的点播。教室端对资源的点播主要分为两种：对主控设备资源的点播和对视音频、课件等资源文件的点播。这两种点播方式在实际操作和应用上有所不同，分别适用于不同的教学场景和需求。

1）对主控设备资源的点播。主控设备资源的点播主要涉及视频设备和音频设备。视频设备如录像机、DVD 等，通过视频编码器进行编码后进行传输；音频设备如卡座、CD 机等，通过音频编码器进行编码后进行传输。这个过程对用户是透明的，用户只需选择设备即可进入接收状态。然而，只有被授权的教室工作站可以完成对这些设备的播放、暂停、停止等操作，其他未授权教室只能完成视音频流的实时接收。这种点播方式在保证教学资源安全有效的同时，也满足了个别教室或教师对特定设备的专用需求。

2）对视音频、课件等资源文件的点播。与主控设备资源点播相比，对视音频、课件等资源文件的点播方式更加灵活和便捷。教室端的终端设备如多媒体网络中控，可以实现对资源服务器存储的任意格式的视音频文件、课件的任意点播，由校园网传输到教室端进行播放。这意味着教师可以在任何时间、任何地点选择所需的教学资源进行教学，极大地扩展了教学资源的应用范围和灵活性。这种点播方式特别适合于需要大量个性化教学资源的教学场景，如翻转课堂、混合式教学等。

2. 系统建设

系统建设是多媒体综合教室教学系统建设的关键环节，主要涉及教学平台服务端的资源管理平台的建设，以及教室端的多媒体网络中控的配置和运用。

（1）服务端资源管理平台建设。资源管理平台是教学平台的重要组成部分，主要提供资源的上传、下载、存储，资源的点播服务以及对资源的管理。平台采用了基于B/S结构的开放式管理方式，用户可以在任何地方通过浏览器连接到资源服务器，根据权限浏览公共资源库，或上传素材、建立分类、创建和管理私有资源库。

资源管理平台兼容任何格式的文件，支持基于Web方式对课件资源进行浏览、上传或下载等操作。同时，它支持公用资源库和私有资源库两种模式，既方便了网络共享素材资源的交流，也保证了教师课件与教案的版权。资源库的操作界面采用仿Windows浏览器的设计风格，使操作更加直观便捷。

（2）教室端多媒体网络中控的配置和运用。教室端的多媒体网络中控是实现多媒体教学的核心设备。通过该设备，可以对资源服务器存储的任意格式视音频文件、课件进行任意点播并进行播放。多媒体网络中控的配置和运用直接影响到教室端对资源的点播效果及教学效果。

教室端的多媒体网络中控的配置需要根据实际教学需求和资源库的特性来进行，包括设备的选型、安装、测试和维护等。而其运用需要结合具体的教学计划和教学方式，灵活选择适合的资源进行点播，使教学内容更加生动、有趣。

系统建设是一个持续的过程，需要不断进行设备升级和内容更新，以适应教学的发展和需求变化。建立健全的系统维护和管理机制，对于保证系统的稳定运行和提高教学效果非常重要。

第三节　实践能力培训平台与评估系统的建设

一、实践能力培训平台

（一）构建完备的训练师范生实践能力的基地学校

构建完备的训练师范生实践能力的基地学校需付诸具体行动，以保证师范专业学生拥有广阔的训练信息化教学实践能力的实践空间。经过在大学里对师范性质系列理论课的学习，师范专业学生对未来教师职业有了理论认识，也开始准备担任该角色。他们通过在校期间的试讲、说课、微格教学、教学见习等"准教师"

训练，体验了初步的上课过程，并尝试了教师间的合作。针对学生们最迫切的"实战"训练需求，构建完备的训练信息化教学实践能力的基地学校网络至关重要。具体实施过程中，可以通过有选择地同当地的幼儿园、小学、初中、高中学校进行"结对"，建立科研、教学"互助共赢"的合作模式。在这些基地学校，师范专业学生能有机会完善和提升自身的信息化教学实践能力，与基地学校的老师一起完成培养师范专业学生信息化教学实践能力的科研课题。除此之外，还可有选择地同当地的教育科研机构合作，使师范专业的学生接触并了解基础教育课改的最新动态及实际应用情况。这样的合作关系，不仅增加了学生的实践机会，也有利于教育科研机构与基地学校的深入合作，共同推动师范生的信息化教学能力创新培养。

（二）开展训练师范生实践能力的多姿多彩的主题活动

开展训练师范生实践能力的多姿多彩的主题活动是一项关键任务，特别要考虑到教师的教学技能是一种综合能力，加之师范学生的个体差异。为此，需要根据学生的实际情况策划各种主题活动，这些活动应能引导学生有效地进行信息化教学实践能力的训练。具体的活动可以涵盖多个方面。例如，可以在校内组织"书法协会"，让学生提升教师基本功中的"写"能力；组织"演讲学会"，让学生锻炼教师基本功中的"讲"能力；组织"辩论协会"，让学生强化教师基本功中的"善思"能力。这些活动可以提供一个环境，让学生能在实践中提高自己的教学技巧。除此之外，学校还可以与基地学校合作，根据专业和层次进行"师徒互动"的各种活动，如"讲课""说课"等，以训练学生教师基本功中的"教学技能"。通过这些活动，学生可以在实际的教学环境中，通过互动学习提升自己的信息化教学实践能力。另外，学校还可以有选择地邀请当地优秀的教师进校，为学生提供"定身量制"的指导。这种指导针对学生的实际情况，给出未来如何从事教师职业的建议。这样的活动能让学生从实际出发，更好地理解和掌握教师的角色和责任，也能增强他们的职业规划意识。

（三）依托"以赛促学"提升师范生信息化教学实践能力

"以赛促学"的方式是一种能有效提升师范生信息化教学实践能力的方法。这种方法适用于师范生的教学实践能力训练，不仅可以引导学生积极参与，也能提升他们的学习动力，激发他们的学习热情。在比赛中，师范生需要独立完成一门课程的信息化教学设计和实施，这个过程不仅需要他们掌握相关理论知识，还需要他们掌握一定的信息技术应用技能。通过设计和实施过程，师范生能够进一步理解信息化教学的流程和要点，提升他们的信息化教学能力。"以赛促学"的理念在中国大学生教学微课大赛中得到了充分体现，通过这种方式，师范生不仅可以提升专业技能，更可以增长丰富的课外知识，体验到学习的快乐。参加比赛的过程是一种寓教于乐的方式，它可以让师范生更积极地获取知识，更主动地思考问题的解决方案。制作微课作品参赛的过程可以有效提升师范生的多种能力。在面对比赛的挑战时，他们需要准备充足的素材，设计出吸引人的课程，展示出色的表达和表演，所有这些都能有效锻炼他们的语言表达能力、交流沟通能力、团队配合能力和创新能力。同时，微课的制作过程还需要利用多种软件和工具，师范生需要掌握这些工具的使用技巧，这能有效提升他们的动手能力、操作能力和设计能力。在准备微课的过程中，他们需要查阅大量文献，以获取最新的教育理论和实践经验，这可以提升他们的文献查阅能力。

（四）搭建展示师范生专业实践能力成果的多元化展示空间

以多元化展示空间作为师范生专业实践能力的展示台，学生们可以在其中积极地展示自己的教学实践成果，体验探究和实践的过程，并获得成就感。每学期都可以举办大型的展示活动，这是一个让师范生们展示信息化教学实践成果的有效平台。这样的活动允许他们公开分享自己的教案、课件、心得体会和经验等，激发他们的自豪感和对信息化教学的热情。同样，系列主题活动，比如讲课大赛、说课大赛、板书设计比拼、课件展示等，为师范生们的信息化教学实践提供了展示窗口。这些活动不仅让学生有机会展现自己的才能，还给他们提供了学习和互相借鉴的机会。请校外教育专家、教学名师和基地学校的优秀教师到现场点评师范生的教学实践，也是一种有益的实践。这些专家的反馈能给师范生带来新的视角，帮助他们进一步提升自己的信息化教学实践能力。此外，通过新闻单位对学生的成果进行社会化宣传，可以为师范生的努力和成就赋予更广泛的影响力。这种做法有助于增强学生们的自信心和对信息化教学的投入热情。所有这些努力，都是为了实现教育部推进教师教育课程改革的目标，以及最大限度地提高教育教学效果。通过这样的实践，能更好地培养师范生的信息化教学实践能力。

二、能力评估系统的建设

（一）评估内容的确定

评估内容的确定是信息化教学能力评估系统建设的关键一步。其目标是全面地、准确地把握师范生信息化教学的实际情况，进而对其进行科学、合理的评价。当讨论评估内容时，不能忽视的重要因素就是教育信息化的五大能力模块，即信息技术应用基础能力、信息化教学设计能力、信息化教学实施能力、信息化教学评估能力以及信息化教育资源开发能力。

其中，信息技术应用基础能力指师范生掌握并能灵活运用信息技术的能力，包括信息获取、处理、利用的各项技能。这一点至关重要，因为只有对信息技术有了基本的理解和掌握，师范生才能在接下来的教学设计、教学实施、教学评估以及教育资源开发等环节中运用信息化手段，提高教学效果。

信息化教学设计能力要求师范生能够运用信息化技术，设计出符合学生学习需求和教学目标的教学活动。这需要师范生能够理解和运用教学设计理论，同时对信息技术有深入的理解，知道如何利用这些技术来丰富教学活动，提高学生的学习效果。

信息化教学实施能力指师范生在真实的教学场景中，能够灵活运用信息技术进行教学的能力。这不仅需要师范生掌握各种信息技术，还需要他们有足够的教学技能和经验，能够灵活应对各种教学场景，达到最佳的教学效果。

信息化教学评估能力要求师范生能够利用信息化技术，对学生的学习效果进行评估。这需要他们能够设计出符合评估目标的评估方案，同时能够运用信息技术进行数据收集和分析，以得出准确的评估结果。

信息化教育资源开发能力指师范生能够运用信息技术，开发出适合学生学习的教育资源。这不仅需要他们掌握信息技术，还需要他们有良好的教育理念和教学设计技能，能够设计出既有趣又有教育意义的教育资源。

（二）评估标准的制定

制定评估标准的过程是确保信息化教学能力评估的有效性、公正性和合理性的关键步骤。针对每一项评估内容，都需要明确的、具体的评估标准。具有明确性的评估标准可以为评估人员提供具体的参考，为师范生明确自我提升的方向，同时保证评估结果的公正性和可比较性。

1. 信息技术应用基础能力的评估标准

对于信息技术应用基础能力，评估标准不仅要涵盖师范生对教育软件、在线学习平台、云技术等信息技术的使用熟练程度，还需关注他们的技术适应性，也就是他们是否能迅速掌握新的信息技术工具。同时，评估他们对信息技术在教学中应用的理解程度，例如理解信息技术如何促进学生的学习、支持教师的教学，并能针对具体的教学情境选择适当的技术工具。

2. 信息化教学设计能力的评估标准

对于课程与教学设计能力，评估标准则需查看师范生能否利用信息技术有效地设计教学活动和课程。这包括了他们能否结合学生的学习需求、教学目标以及课程内容，创新性地使用信息技术来提高教学质量。此外，还应评估师范生能否以学生为中心，灵活运用信息技术设计出能够激发学生积极参与、主动学习的教学活动。

3. 信息化教学实施能力的评估标准

教学实施能力评估标准主要着眼于师范生能否在实际的教学过程中熟练、灵活地运用信息技术，以促进学生的学习。具体来说，就是他们能否依据教学目标和学生的学习需求合理选择和使用信息技术，能否有效地使用信息技术进行教学引导，以及能否使用信息技术有效地组织和管理学生的学习活动。

4. 信息化教学评估能力的评估标准

教学评估能力的评估标准则涵盖师范生能否运用信息技术进行教学评估，包括他们能否使用信息技术收集、分析学生的学习数据，以了解学生的学习进度和学习效果；能否使用信息技术进行教学反馈，帮助学生明确自己的学习优点和不足，引导学生进行自我调整和提高。

5. 信息化教育资源开发能力的评估标准

对于信息化教育资源开发能力的评估标准，可侧重考察师范生是否具备良好的信息化资源挖掘、整合、创新以及应用能力。

（1）资源挖掘能力。评估师范生能否有效地在互联网环境中寻找并识别高质量的教育资源。这包括学科知识、教学案例、教学方法、学习工具等各类教学资源。

（2）资源整合能力。评估师范生能否将各类资源进行有效整合，形成适合特定教学目标、特定学生群体的教学资源包。这涉及资源的筛选、调整、组织等一系列技能。

（3）资源创新能力。评估师范生是否能根据教学需求，创新性地利用已有资源，甚至开发新的教学资源。这可能涉及软件编程、多媒体设计、游戏设计等技能。

（4）资源应用能力。评估师范生在实际教学中能否有效地应用自己挖掘、整合、创新的教学资源，以提高教学质量。这涉及对教学情境的理解，对学生需求的把握，以及对教学方法的选择等方面。

（三）评估方法的设计

1. 教学观察

教学观察是一种直接观察和记录师范生在信息化教学中的实际教学行为和表现的方法。评估者通过到课堂进行观察，记录师范生的教学组织、指导方式、学生参与等情况。观察的重点包括课堂氛围是否活跃，教学设计是否合理，教学方法是否多样等。评估者可以使用评估表格或者录像记录等方式，对观察到的情况进行客观记录和评估。

2. 教学案例分析

教学案例分析是通过分析师范生设计的信息化教学案例来评估其教学设计与准备能力的方法。评估者可以要求师范生提供自己在信息化教学中的教学案例，并对这些案例进行分析和评估。分析的重点包括教学目标是否明确，教学内容是否符合学科要求，教学资源是否充分利用等。评估者可以根据评估标准制定相应的评估指标，对教学案例进行量化评估，以获取客观的评估结果。

3. 学生评价

学生评价是通过学生对师范生信息化教学的评价来了解其对学生学习支持与辅导能力的方法。评估者可采用设计问卷或者面谈等形式，让学生对师范生的教学表现进行评价。评价的重点包括师范生对学生学习的引导程度、对学生学习困难的解决能力等。

4. 自我评估

自我评估是师范生对自己信息化教学能力进行评估的方法。师范生可以通过填写自评表、写作自我反思等方式，对自己在信息化教学中的表现进行评估。评估的重点包括自身在教学设计、教学实施和学生支持方面的认识和评价。

（四）评估结果的应用

评估结果应该用于指导师范生信息化教学能力的提升和改进。通过分析评估结果，可以发现师范生在信息化教学中存在的不足和改进方向，从而制定有针对性的培训和支持措施。评估结果可以作为师范生培养计划的依据。基于评估结果，可以对师范生的培养计划进行调整和优化。通过对评估结果中的不足进行分析，可以明确培养目标，确定培养重点和方向。师范生培养计划可以根据评估结果中的信息化教学能力需求，提供相应的课程设置、教学实践机会和学习资源，以帮助师范生全面提升信息化教学能力。评估结果也可以用于对师范生进行排名或奖惩。通过对评估结果进行比较和综合分析，可以对师范生的信息化教学能力进行排序，确定教学能力的优劣次序。这可以为师范生提供一种竞争激励机制，激发其积极参与能力提升的活动。评估结果的应用可以帮助评估者和教育机构进行教学质量评估及改进。通过对评估结果的综合分析，可以了解师范生整体信息化教学能力的水平和发展趋势。评估结果可以作为教学质量评估的重要参考，帮助教育机构发现教学改进的方向和策略，提高整体的教学质量。

第四节 完善师范生教学技能的辅助系统

一、学习管理系统

学习管理系统作为师范生信息化教学能力培养的辅助系统之一，在个性化学习计划和进度跟踪方面发挥着重要作用。通过学习管理系统，师范生可以根据自身情况和学习目标制订个性化的学习计划，并通过系统的学习提醒和进度跟踪功能进行实时监控及调整。

学习管理系统提供了师范生个性化学习计划的制订功能。师范生可以根据自身的学习需求和目标，在学习管理系统中制订个性化的学习计划。这些计划包括学习目标、学习内容、学习时间安排等方面的详细规划。通过系统的指导和辅助，师范生可以更加清晰地了解自己的学习需求和目标，并制订符合自身情况的学习计划。学习管理系统通过学习提醒功能帮助师范生合理安排学习时间。系统可以根据师范生设定的学习计划提供学习提醒，提醒师范生按时开始学习。这样，师范生可以避免时间的浪费和拖延，及时投入到学习中。学习提醒的功能有助于师范生形成良好的学习习惯和时间管理能力，保证学习进程的按时进行。同时，学习管理系统还提供了进度跟踪功能，帮助师范生监控学习进展。师范生可以在系统中记录每个学习任务的完成情况，以及学习过程中遇到的困难和挑战。通过系统的进度跟踪功能，师范生可以清晰了解自己的学习进度，及时调整学习策略，确保学习进程的顺利进行。这种实时的进度跟踪有助于师范生及时发现学习中的问题并加以解决，提高学习效率和质量。

值得注意的是，学习管理系统所提供的个性化学习计划和进度跟踪功能并非僵化的规定，而是为师范生提供灵活性和自主性。师范生可以根据自身的实际情况和学习进展进行相应的调整，使学习计划和进度更加贴合自身需求和目标。这种个性化的学习计划和进度跟踪功能的灵活性及自主性，能够更好地满足师范生个体差异和学习风格的需要。

二、教学反馈系统

教学反馈系统是师范生信息化教学能力创新培养中的重要辅助系统之一。它旨在为师范生提供及时、有效的教学反馈，帮助他们了解学生对教学的理解和学习情况，进而调整教学策略和提升教学效果。

教学反馈系统可以收集学生的反馈意见。师范生可以利用该系统设计并发布问卷调查，让学生对课程内容、教学方法、教材使用等方面进行评价和反馈。学生可以自由表达自己的意见、建议和问题，系统会自动汇总和整理这些反馈信息。这样，师范生可以全面了解学生对教学的感受和理解程度，发现潜在问题和改进的空间。教学反馈系统还具备即时性和个性化的特点。师范生可以通过系统实时获取学生的反馈信息，不再局限于传统的纸质问卷和面对面讨论。学生可以在任何时间和地点，通过在线平台进行反馈和评价。同时，系统可以根据师范生的设定，为每个学生提供个性化的反馈报告。教学反馈系统不仅为师范生提供了反馈收集的便利性，还为他们提供了数据分析和报告生成的功能。系统可以对收集到的数据进行分析和统计，生成可视化的报告和图表。师范生可以通过这些报告和图表直观地了解学生的整体反馈情况，识别出问题和改进的方向。

综上所述，教学反馈系统在师范生信息化教学能力的创新培养中扮演着重要的角色，为其提供了有效的教学反馈和指导，推动其不断提升教学水平和专业素养。

三、反思指导系统

反思指导系统是师范生信息化教学能力创新培养中的重要辅助系统之一。该系统旨在帮助师范生进行教学反思和个人指导，促进他们深入思考教学实践中的优势和不足，并提供相应的解决方案和改进建议。

反思指导系统提供了反思工具和平台。师范生可以通过文字记录、教学日志、教学案例分析等形式，在系统中记录和分析自己的教学实践，包括课堂教学、教学设计、学生反应等方面。通过记录教学过程中的观察、感受和思考，师范生可以回顾和总结自己的教学经验，并发现教学中存在的问题和改进的空间。反思指导系统提供了指导资源和参考资料。系统中可以集成教学反思的相关理论、方法和实践经验，为师范生提供教学反思的指导和参考。这些资源包括教学反思的模型和框架、相关的教育心理学理论、教学改进的策略等。反思指导系统还提供个性化的辅导和指导。系统可以根据师范生的需求和关注点，为其提供个性化的反思指导和建议。师范生可根据自己的教学实践情况，向系统提供相应的信息和问题，系统会根据这些信息提供相应的反思指导资源和解决方案。此外，反思指导系统可以促进师范生之间的交流与合作。系统提供了学习社区和协作平台，师范生可以在这个平台上与其他同学分享自己的教学反思和经验，进行互相借鉴和讨论。通过交流与合作，师范生可以互相启发、共同进步，拓宽教学思路。

第六章 师范生信息化教学能力创新培养的实践路径

第一节 更新人才培养理念

一、培养定位的转变:"单一型"转向"一技多能型"

在考量教育领域的未来需求时,人才培养的定位显得尤为重要。过去的培养模式以"单一型"为主,只注重培养学生在某一方面的专业技能,忽视了其在多方面的综合能力。然而,随着社会的发展和教育的进步,现代社会对于教育人才的需求已经从单一的专业技能向多元化的综合能力转变。这使得师范生的培养定位需要从"单一型"转向"一技多能型"。

所谓"一技多能型"培养模式,是注重全面和平衡发展的模式,强调学生的多元化成长。在这种模式下,学生的专业技能训练仍然重要,但通识教育、人文素养、社会责任感等综合素质同样被重视。这种模式鼓励学生在掌握专业技能的同时,积极发展其他各类能力,以满足社会多元化的需求。

对师范生而言,"一技多能型"培养模式意味着在掌握教学技能的同时,还需积极培养信息技术应用能力、创新思维能力等。这样,不仅可以提高教学效果,还可以使他们在未来教育工作中更具竞争力。此外,这种培养模式也会促进师范生教学研究能力的发展,使他们在未来的教育工作中具备独立进行教学研究的能力,从而推动教育的发展。

第六章 师范生信息化教学能力创新培养的实践路径

然而，从"单一型"转向"一技多能型"的转变并非易事。这需要对现有的教育体系进行全面改革，以适应新的培养模式。这其中包括对教学内容、教学方式、评价体系的改革，旨在鼓励和引导学生发展多元化能力。同时，也需要教育工作者积极探索和实践，以找出最适合的改革方案。

"单一型"转向"一技多能型"的路径涉及诸多领域和层面的改革，不仅要改变教学内容和方式，也需要改变评价体系。更深层次的改革则涉及教育理念和教育制度的转变。

在教学内容的设计和组织上，需要根据"一技多能型"培养模式进行全面的调整和优化。这种调整不仅仅在于增加更多的课程和知识点，更在于如何构建一个能够全面提升学生综合素质和能力的学习体系。要实现这一目标，一个重要的方向是将课程内容进行跨学科的整合。这意味着在设计课程内容时，不仅要考虑学生的专业技能训练，还需要考虑如何将信息技术、创新思维、人文素养、社会责任等多元化的知识和能力融入课程中。例如，在教学设计理论的课程中，除了教授专业的教学理论和方法，还可以融入如何利用信息技术进行教学设计，如何在设计中考虑到学生的多元化需求和个体差异等内容。

在教学方式上，需要结合"一技多能型"培养模式，以及现代的教育理念和技术，并进行创新和改革。重要的是将教学方式设计得更为活动化、应用化，以引导学生主动参与，培养他们的主动学习和自我发展能力。现代信息技术的应用为教学方式提供了新的可能性。例如，利用在线教学平台，可以进行异步和同步的教学活动，使学生能够在任何时间、任何地点进行学习。同时，通过利用诸如云计算、大数据等技术，可以对学生的学习行为进行跟踪和分析，为教学提供及时的反馈和支持。另外，教学方式也需要更加注重学生的实践能力和创新思维的培养。比如，可以通过项目式学习、案例教学、问题导向学习等方式，引导学生将所学的知识和技能应用到解决实际问题中，使他们在实践中提升自身的综合素质和能力。

在评价体系上，应从对单一技能的评价转变为对综合能力和素质的评价。评价的内容不仅包括学生的专业技能，也包括他们的信息技术应用能力、创新思维能力、人文素养和社会责任感等。评价的方式应该多样化，包括课堂表现、项目作品、学习成果展示等。

传统的评价方式往往集中在知识掌握的程度和技能的水平上，然而在"一技多能型"的培养模式下，评价的重点应该是学生的全面发展，包括专业技能、信息技术应用能力、创新思维能力、人文素养、社会责任感等。在这种评价方法中，可以利用多种评价工具和方式，如课堂观察、学生自我评价、同行评价、项目评价等，从多个角度和维度对学生的学习及发展进行评价。例如，在评价学生的信息技术应用能力时，可以让学生完成一些实际的项目任务，然后根据他们的项目成果和表现进行评价。同时，利用现代教育技术进行评价。例如，通过使用学习管理系统，可以自动收集和分析学生的学习数据，如学习时间、完成任务的速度和质量、参与讨论的活跃度等，然后基于这些数据进行评价。

在教育理念和制度上，也需要进行调整以适应"一技多能型"培养模式的要求。教育理念是教育工作的指导思想，对教学目标、内容、方式和评价等方面都有着深远影响。因此，要实现从"单一型"到"一技多能型"的转变，必须将教育理念调整为以学生全面发展为中心，注重学生的专业技能、信息技术应用能力、创新思维能力、人文素养、社会责任感等的培养。这种转变的教育理念体现在多个方面。例如，教学目标不再仅仅是让学生掌握知识和技能，而是帮助学生发展全面的素质和能力，使他们能够适应社会的多元化需求。教学内容不再仅仅是传授专业知识，而是提供一个综合的学习体验，使学生能够在多个领域获得知识和技能。教学方式不再仅仅是教师讲授、学生听讲，而是鼓励学生主动参与，培养他们的主动学习和自我发展能力。同时，教育制度也需要进行相应的调整。例如，课程设置需要更加注重跨学科的整合，课程评价需要更加注重学生的全面发展，教师职责需要更加注重引导学生的主动学习和自我发展等。

二、培养方式的转变：传统教学模式转向新兴教学模式

传统教学模式的主要特征在于强调理论知识。在这种模式下，学生通常被要求记忆和理解特定的信息和概念，教师将知识传授给学生，是教学过程的主导者。

这种模式有其特定优点，比如结构化的知识体系能使学生对学科有深入的理解。但这种模式也存在明显的局限性，其中之一是，它往往过于强调理论知识，忽视了技术应用能力的培养。

在教师培训环境中，这种模式的局限性显得尤为明显。师范生需要的不仅仅是理论知识，更重要的是应用知识的技巧。如果他们没有足够的技术应用能力，那么即使掌握再多的理论知识，也将无法在教育行业中表现出色。

随着教育信息化的推进，新的教学模式开始崭露头角。新技术的应用、教育理念的更新、数字资源的丰富等因素都使教学模式发生了深刻的变化。这些变化破除了教育只能在课堂上进行的局限性，为教育教学提供了更多的可能性。

新型的教学模式具有许多特点。其中之一是强调师范生的主体性。通过利用互联网精品课程资源，师范生可以根据自己的需求进行碎片化学习，选择自己想要学习的知识。这样，学生就可以根据自己的兴趣和需要进行学习，而不再完全依赖教师的授课。这种自主学习的方式，不仅能提高学习效率，也有利于培养学生的自主学习能力。

同时，新教育模式也提供了更多的实践机会。随着技术的不断发展，虚拟现实（VR）等新兴技术已经在教育教学中得到广泛的应用。师范生可以通过 VR 体验到"真实"的场景，这样的场景不仅节省了师范生的时间，更有助于师范生的技能训练。通过模拟真实的教学环境，师范生可以在"做中学"，从而更好地掌握技术应用能力。

同时，教师可以通过推广翻转课堂等新教育模式，进一步激发师范生的学习积极性。翻转课堂将课堂传统的"听课—作业"模式变为"预习—讨论"模式，使学生在课堂上有更多的时间进行交流和讨论，从而提高了他们的思考能力。

从这个角度看，传统教学模式向新兴教学模式的转变，不仅提供了更多的学习机会，也为师范生的全面发展奠定了基础。在此过程中，教师的角色也发生了转变，从传授知识的人变为引导学生学习的人。这种转变不仅有利于教师的教学，也有利于师范生的学习。

三、培养评价的转变:"唯技术论"转向综合能力素质拓展

对于师范生人才培养的评价,早期通常侧重于技术应用能力的提升。技术操作能力强的师范生被视为优秀的人才,此种观念确实在一定程度上促进了教育事业的发展。然而,随着信息化社会的发展,这种"唯技术论"的人才培养观念开始显现出其片面性。知识的更新速度加快,新知识的产生更加频繁,对于师范生来说,仅仅依赖"死学知识"的方式无法满足信息化社会的需求,他们需要有更加全面的能力。因此,人才培养评价的转变显得尤为重要。在保持对技术应用能力重视的同时,现代教育已经开始更加注重师范生的综合能力和素质。这包括培养他们的大局观念,强化他们的道德品质,以及提升他们解决问题的能力。

首先,具备大局意识是现代应用型人才的基本素质。大局意识,即能够从更高的、更广阔的视野审视问题,从而做出合理的判断和决策。大局意识并非天生就有,需要在实践中不断培养和提升。因此,学校在培养师范生的过程中,应注重培养他们的大局意识,使他们在复杂多变的社会环境中能够做出正确的判断,发挥更大的作用。具备大局观的师范生不仅能够更好地理解教育的内涵和价值,还能在具体的教学实践中灵活应对,达到更好的教学效果。

其次,道德品质的培养是教育的根本目标。师范生作为未来的教育工作者,他们的道德品质将直接影响到下一代的道德发展。因此,道德教育是师范生教育的重要组成部分,学校应注重对师范生道德品质的培养。道德品质的培养不仅仅是让学生知道什么是对的、什么是错的,更重要的是要让他们能够在面对道德困境时做出正确的选择。在培养师范生的道德品质时,不仅要教授他们道德知识,还要引导他们进行道德实践,使他们在实践中提升道德判断能力和道德行动能力,成为德才兼备的优秀人才。

最后,解决问题的能力也是现代社会对人才的重要需求。在信息化社会中,师范生需要具备自主学习能力,能够利用各种信息化手段解决实际问题。在培养师范生的过程中,应注重他们的问题解决能力的培养。这不仅包括提高他们的信息素养,使他们能够有效地利用信息化手段解决问题,还包括提高他们的创新思

维能力，使他们能够在解决问题的过程中创新思考，找到最合适的解决方案。

新时代的应用型本科院校在人才培养观念中也应注重与时代接轨，强化多技能训练和思想品德意识的培养，让应用型人才成为社会发展的引领者，体现出德才兼备的新精神和新面貌。

第二节 完善课程体系建设

一、课型合理搭配课时

在理解和改进师范生信息化能力教学相关课程中，合理搭配各种课型和课时的重要性不可忽视。当前的师范教育面临着一个问题，那就是对学科课程的过度强调，而对信息技术课程和教育课程的重视不够。在大多数情况下，学科课程所占的课时比例最大，而技术类课程和教育类课程的课时比例相对较小。这样的课程设置方式导致师范生的知识结构体系不协调，出现了学科知识扎实，但教学能力和信息技术应用能力欠缺的情况。

对此，需要重新审视课程设置的方式，以理论课程和实践课程的结合为原则，进行课型和课时的合理搭配，提升师范生的综合素质和教学能力。特别是在信息化社会背景下，师范生的信息技术素养和应用能力显得尤为重要。

技术类课程的主要目标是培养师范生的信息技术应用能力，包括信息检索、数据分析、电子资源制作等方面的技能。然而，信息技术素养和信息技术应用能力不是几节课就能系统掌握的，需要理论讲解与实践操作相结合才能在学生头脑中形成一系列的动作图式。因此，需要对技术类课程的课时进行适当的扩大，以保证充足的理论讲解和实践操作。例如，可以将一些传统的课堂教学转变为项目式学习，让学生在实际的项目操作中掌握并应用所学的信息技术知识和技能。

学科课程是师范生教育中的核心课程，是师范生专业知识学习的主要途径。但是，过多的学科课程可能会占据过多的学习时间，从而挤压了技术类课程和教育类课程的课时。因此，需要适当调整学科课程的课时比例，以保证全面发展的学习体验。在调整课时比例的同时，还可以探索新的教学模式，如将信息技术应用到学科教学中，使得技术类课程和学科课程能够有机结合，共同提升师范生的教学能力。

教育类课程的目标是使师范生形成科学的教育理念、深厚的教育情怀、高尚的师德师风。教育类课程涉及了基本的教育规律、典型的教育理论、教学法知识等，这些都需要长时间地积累和深思。因此，教育类课程的课时比例也应适当增加，以便师范生有充足的时间去学习和思考这些重要内容。不同课程所占课时比例如图 6-1 所示。

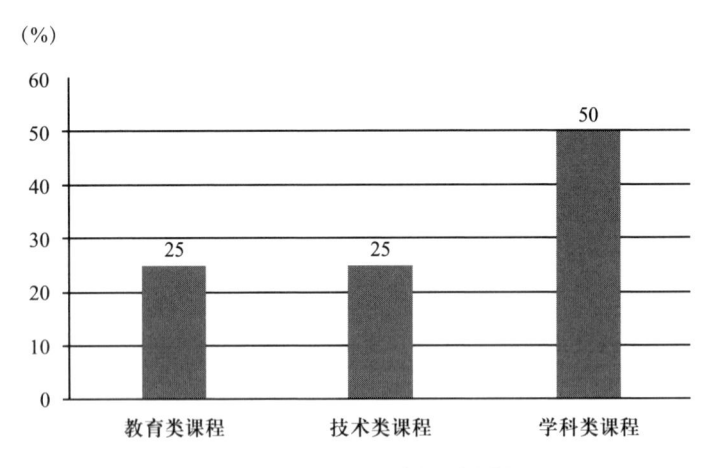

图 6-1 不同课程所占课时比例

二、学科课程与综合课程相结合

在现代的教育实践中，将学科课程与综合课程相结合，成为培养师范生信息化教学能力的重要手段。具体而言，学科课程基于学科的逻辑体系，注重特定领域知识的系统掌握；综合课程则通过整合多门学科，致力于培养学生的综合思维和应用能力。为此，如何进行有效的整合，使两者的优势得到最大化，成为教育者需要认真考虑的问题。

课程设计时，要充分考虑到学科课程和综合课程的特点。学科课程以系统化的知识体系为基础，而综合课程则注重跨学科的知识整合与应用。正确地处理学科课程与综合课程的关系，能够更好地发挥各自的优势，实现优化的教学效果。具体来说，在保证学科知识系统性的同时，考虑到跨学科的知识整合，让知识形成一个结构合理、互补充盈的网络。例如，以一个关于气候变化的课程为例，这是一个跨地理、生物、物理、化学等多个学科的主题。在课程设计时，首先，要明确各个学科的主要内容。比如，地理课程中主要学习气候变化对地形、地貌、生态系统的影响；生物课程中主要学习气候变化对生物种群、生态系统的影响；物理课程中主要学习气候变化的物理原理，如温室效应等；化学课程中主要学习大气中温室气体的化学反应等。其次，在设计综合课程时，可以根据气候变化的主题，组织学生进行跨学科的学习和研究，比如研究气候变化的原因、影响以及应对策略等。在这个过程中，学生不仅能够系统掌握各个学科的基本知识，而且能够训练自己的综合思维和应用能力。同时，这种跨学科的学习方式也能激发学生的学习兴趣，使他们在学习过程中更加主动、积极。此外，教师在课程设计时，应考虑到学生的个性化需求。根据学生的兴趣和才能，提供不同的学习路径和资源，让学生在学习过程中能够找到自己的兴趣所在，激发他们的学习热情和积极性。

教学方式的选择至关重要。教学方式的选择作为教学过程中的重要组成部分，直接影响学生的学习效果和教师的教学效果。传统的教学方式，如讲述式教学，往往集中于传递学科知识，学生主要的学习活动是听、记、复述。这种教学方式虽然有其独特的优点，如保证了学科知识的系统性和连贯性，但同时也存在一些问题，如过分强调知识的接受，忽视了学生主动学习的主体地位，以及综合应用知识的能力。因此，在现代信息化教育背景下，教师需要采用新的教学方式引导学生进行学科课程与综合课程的学习。项目式学习和研究式学习成为两种重要的教学方式。以项目式学习为例，这是一种以学生为中心，以项目为载体的学习方式。例如，教师可以设计一些跨学科的项目，如"环保科普宣传"项目。在这个项目中，学生需要运用生物学知识了解环境问题的原因，运用化学知识了解环保材料的制作，运用信息技术制作宣传资料，运用语言知识进行宣传活动等。这样，学生不仅可以在项目中学习和运用多种学科知识，还能锻炼自己的团队合作能力、创新思维能力和问题解决能力。研究式学习更加注重学生的独立思考和探索能力。例如，在教授历史课程时，教师可以让学生选择一个历史事件或人物进行深入研究，包括背景调查、资料收集、论文撰写等。在这个过程中，学生需要运用各种学科知识，如历史知识、地理知识、文化知识等，进行综合分析和评价。

在培养学生的自主学习能力时，需要掌握适当的方法和策略。首先，应建立一个开放、宽容的学习环境，鼓励学生自由探索，根据自身兴趣选择学习的内容和方式。其次，教育者应设计一些启发性的问题，激发学生的思考，引导他们跨学科整合知识，发展自己的创新思维。最后，应提供必要的学习资源和支持，帮助学生解决学习中遇到的问题，提高他们的学习效率。

以一门关于环保的综合课程为例。在这个课程中，需要向学生介绍环保的基本知识，包括环保的意义、重要性，以及一些基本的环保方法等。然后，教育者可以设计一些与环保相关的问题，比如"如何减少塑料垃圾？""如何提高能源效率？"等，引导学生自主研究，跨学科整合知识，寻找解决问题的方案。在学生自主研究的过程中，需要提供必要的支持。例如，为了解决塑料垃圾问题，学生可能需要查阅关于塑料的化学性质、生产过程，以及环境影响等方面的资料。在这种情况下，应提供相关的学习资源，如书籍、论文、视频等，并给予学生适当的指导，帮助他们分析和理解这些资料。此外，应鼓励学生在解决问题的过程中，发挥创新思维，提出自己的观点和方案。例如，学生可能会提出使用可降解材料替代塑料，或者发明一种新的塑料回收方法等。对于这些创新的想法，教育者应给予积极的反馈和支持，进一步激发学生的学习兴趣和热情。

三、理论课程与实践课程相结合

理论课程与实践课程相结合是提升师范生信息化教学能力的重要一环。近年来，教育界越来越认识到理论知识与实践技能并重的重要性。传统的师范教育中，常常偏重理论，忽视实践，但实际上，理论与实践是相辅相成的。它们在师范生的教育过程中相互作用、相互影响，从而构建起一种全面的教学能力。在这个过程中，不仅要在课程设计上做到理论与实践的平衡，更要在教学方法和评价体系

第六章　师范生信息化教学能力创新培养的实践路径

上进行改革，以实现师范生信息化教学能力的全面提升。

理论课程是师范生教育的重要组成部分，它提供了教育理念、教学方法和教育策略的基础知识。理论知识是对实践活动的深度思考和理解，也是实践活动的基础。在信息化教学环境下，师范生只有对新的教育理论、教学方法和教育技术有深入的理解和掌握，才能在信息化教学中发挥其作用。实践课程是师范生教育的另一个重要组成部分，它为师范生提供了进行教学实践的场所和机会。实践知识和技能是师范生在实际教学活动中应用理论知识、解决实际问题的能力。在信息化教学环境下，师范生需要具备使用各种教育技术工具进行教学设计、教学实施和教学评价的技能。

在师范生信息化教学能力的培养过程中，实现理论课程与实践课程相结合，需要对课程设计进行深度的思考与反思。一方面，理论课程的设计需要紧密关联实践课程。传统的理论教学往往偏重于书本知识，从而忽视了知识在实践中的运用。在信息化教学的环境中，需要对这种情况进行改变。例如，当教授"信息化教学设计"的理论知识时，应该强调这个理论知识如何应用在实际的教学设计中。可以列出一些实际的教学设计案例，并展示在这些案例中，如信息化教学设计的理论知识是如何被运用的。这样一来，学生在学习理论知识的同时，能够理解和掌握这个知识在实际教学中的应用。实践课程的设计也应与理论课程相结合。

另一方面，在实践课程中可以设计一些任务或项目，让学生有机会将所学的理论知识应用到实践中。例如，在一个"教学设计"项目中，学生需要根据所学的"信息化教学设计"理论知识，设计一个适应信息化教学环境的教学方案。在这个过程中，学生不仅能够运用所学的理论知识，而且能够在实践中体验到理论知识的运用，从而更深入地理解和掌握理论知识。

举一个具体的案例。在"信息化教学设计"课程中，设计了一个"设计并实施一个信息化教学项目"的任务。在这个任务中，学生需要首先学习"信息化教学设计"的理论知识，然后根据这个理论知识设计一个适应信息化教学环境的教学项目。在设计过程中，学生需要考虑如何选择合适的教学工具、如何设计教学活动、如何进行教学评价等问题。完成设计后，学生需要在真实或模拟的教学环境中实施这个项目，并根据实施结果进行反思和改进。通过这个任务，学生不仅能够应用所学的理论知识，而且能够在实践中体验到理论知识的运用。这样的课程设计有效地实现了理论课程与实践课程相结合，有力地促进了师范生的信息化教学能力的发展。

四、选修课程与必修课程相结合

必修课程是根据学生和社会发展需要编订的，每个学生都必须学习该课程；选修课指学生为了发展自己的兴趣、爱好和特长而可以自由选择的课程。在调查中，从对师范生信息化教学能力培养效果中了解到，师范院校普遍重视必修课程，对选修课程不够重视；必修课程考核评价严格，选修课考核评估敷衍了事。师范院校通常将教育教学知识作为公共选修课安排，将学科教学知识作为必修课程，而信息技术知识在选修课程和必修课程中都相应安排有课时，但无论将信息技术知识安排为选修课还是必修课，实际上都不够重视。师范生对公共选修课普遍重视程度不高，平时课堂上不注重知识学习积累，考试时只顾翻书查阅。一学期选修课学习完后，可能并没有学习到多少知识。教育教学知识和信息技术知识都是师范生信息化教学能力培养必不可少的知识基础。因此，师范院校对选修课程应给予重视，这样才更有利于促进师范生信息化教学能力的协调发展。

五、以校本课程促创新能力发展

在师范生信息化教学能力创新培养的实践路径中，必修课程与选修课程相结合是一个重要的环节。在传统的教育理念中，必修课程是教育的核心，是学生必须掌握的基础知识，选修课程则是学生个性化、兴趣驱动的学习途径。然而，在对师范生信息化教学能力的培养过程中，选修课程和必修课程都具有其独特的价值，需要被平等对待，而不是优先必修课程而忽视选修课程。在一项针对师范生信息化教学能力培养效果的调查中，师范院校在课程设置上的偏向性明显，即倾向于强调必修课程，而相对忽视选修课程。这种现象在课程考核评价上也有所体现，对必修课程考核评价严格，而对选修课程的评估往往较宽松。这一偏向性存在的原因可能在于对两类课程的传统理解,认为必修课程是基础,是每个学生都必须掌握的,而选修课程是附加的、可有可无的。但是,在信息化教学环境下,这种理解需要有所改变。在信息化教学环境下,信息技术知识已经成为师范生必须掌握的一项基础技能。信息技术知识并不只是一种技术工具,而是一种教育思维方式的转变,是一种新的教学方式的实现。因此,无论信息技术知识作为必修课程还是选修课程设置,都应该得到足够的重视。这要求师范院校在课程设置上重新思考,重新权衡必修课程和选修课程的比例,同时要在课程教学和评价上给予选修课程足够的重视。与此同时,要解决师范生对选修课程的态度问题。由于长期以来的教育习惯,师范生对选修课程往往缺乏足够的重视,认为选修课程只是一种应付考试的工具,而不是真正的学习和成长的机会。这种情况需要改变,师范生需要理解,无论是必修课程还是选修课程,都是自己成长的重要组成部分,都应该投入足够的时间和精力去学习。师范院校应该通过课程设计和教学方式的改变,激发师范生对选修课程的兴趣和动力,使他们在选修课程中也能学到真正的知识,增强自己的信息化教学能力。

六、线上课程与线下课程相结合

师范生信息化教学能力的培养是当前教育改革的重要方向。为此,必须深入理解和应用线上线下相结合的教学模式,以实现师范生教育的高效与高质。

加强混合式教学、翻转课堂等新型教学模式的推广应用。这种新型教学模式的特点是线上线下的有机融通,实现自主、合作、探究。

线上课程作为一种基于多媒体平台、手机客户端、学习网站的学习资源,具有很多优点。例如,线上课程提供了时间和地点的灵活性,让学习者可以根据自己的需要和兴趣自由选择课程。同时,线上课程丰富的内容和低廉的成本也使学习资源的获取变得更加便捷。然而,线上课程也存在一些问题。例如,线上课程的信息丰富多样,可能会让学习者分散注意力;线上课程的内容虽然广泛,但往往不够深入;线上课程缺乏和教师的交流互动,也缺乏真实的课堂情境。

与线上课程相比,线下课程缺少了线上课程的优点,但可以弥补线上课程的不足。例如，线下课程可以提供更深入的内容学习，更丰富的师生交流互动，以及更真实的课堂情境。因此，如何将线上课程和线下课程有效地结合起来，以发挥他们各自的优点并克服他们各自的不足，就成为了师范生信息化教学能力培养的重要任务。

为了实现这个目标，可以构建一个线上和线下相统一的师范生信息化教学能力培养课程体系。具体来说，在教学过程设计上，将线上学习与线下活动有机融合，形成一种互为补充、相互促进的教学模式。线上学习可以提供丰富的学习资源，帮助学生掌握基础理论；线下活动能提供实践场景，促进学生的实践技能培养。例如，线上课程可以使用视频、动画等多媒体资源讲解知识点，线下活动可以组织学生进行小组讨论、实验操作等实践活动。也可以开展翻转课堂活动，在翻转课堂的教学模式下，学生可以在课前通过线上课程自主学习新的知识点，课堂时间用来解答疑问、进行深入讨论和实践活动。这种模式充分利用了线上线下的优势，提高了课堂效率，也使得学生更加主动地参与到学习中。另外，可通过建立线上学习社区的形式实现线上课程和线下课程的有机结合，学生可以在课堂之外进行自主学习和互动交流。教师可以在学习社区中进行课后辅导和反馈，形成线上线下互动的学习环境。

此外，线上线下相结合的教学模式可以帮助师范生培养自主学习、合作探究的能力。例如，线上课程的自主选择性可以鼓励师范生发展自主学习的能力；而线下课程的小组讨论和合作完成任务的方式可以鼓励师范生发展合作探究的能力。

第三节　优化实践教学方法

一、优化实践教学体系

优化实践教学体系。将实习学分分解为教育见习2学分、教育实习7学分、教育研习1学分。在一、二、三年级各设立一个短学期，以见习和模拟教学为主，四年级第一学期集中进行为期8周的教育实习和4周的教育研习。组织编写《教师教育实践型导向教材》系列丛书，编制各学科《教学技能标准和案例开发》《教育研习操作规程及案例开发》，规范全校教育实训、实习、研习具体内容和标准要求。

（一）开展教育实习和教育研习活动

实践教学体系的优化是提升师范生信息化教学能力的关键步骤之一。当前实施的一种方式是将实习学分进行科学的分解和设置，具体来说，包括教育见习2学分、教育实习7学分、教育研习1学分。这种分解方式不仅将各项实践活动的重要性和难度进行了合理的衡量，也使得学生能够更加明确自己在不同阶段需要达成的实践目标。

在师范生信息化教学能力培养的道路上，一个精心设计的实践教学体系必不可少。学校可以尝试在一、二、三年级各设立了一个短学期，主要以见习和模拟教学为主，这种设置让学生有机会在较早的阶段就接触实践活动，从而逐步积累实践经验。随着学生步入四年级的第一学期，集中进行为期8周的教育实习和4周的教育研习成为主要任务。学生在最后一年的学习中有更多的时间和精力专注于实践活动，以进一步提升教学能力。这样的设计有其深思熟虑的理念。师范生在最初的阶段，通过教育见习，有机会亲身观摩并参与教育教学活动。一个具体的例子就是，在见习阶段，某位师范生有机会在指导教师的陪伴下，走进一所小学的课堂，观察教师的教学方式和方法，记录下教学中的关键节点，包括教师如何启发学生的学习兴趣，如何处理课堂纪律问题，如何组织课堂活动等。这些观察和记录，对于师范生来说，是宝贵的实践经验。当然，仅有观察还不够，模拟教学的环节能让师范生有机会亲自尝试教学。例如，同样的师范生在模拟教学阶段，可能被要求设计一堂关于"植物的生命周期"的科学课。其需要准备教学计划，选择合适的教学资源，设计课堂活动，然后在模拟的课堂环境中进行教学。这样的模拟教学环节，让师范生有机会亲身感受教学的复杂性和挑战性，同时能够让其在实践中找到自己的优点和不足，为以后的教学生涯做好准备。

接下来，学生步入四年级的第一学期，集中进行为期8周的教育实习和4周的教育研习。这一阶段的实习，不再仅仅是观察和模拟，而是真实的、全面的教学活动。那位曾经在小学课堂上见习，又在模拟教学中试水的师范生，此刻可能需要真实地站在课堂上，面对一群活泼好动的学生，进行全真的教学。这一阶段，师范生将深入学校，全面参与教育教学工作，体验教师职业的挑战和乐趣。

通过这样的实习和研习，师范生的信息化教学能力得以在实践中提升。信息化教学工具如同一把双刃剑，正确使用能极大提升教学效率，但使用不当则可能引发问题。这样的体系让师范生在实践中积累信息化教学经验，学习有效利用信息化教学工具。

（二）编制实践教材和教学资源

教材和教学资源是实践教学体系中至关重要的组成部分。针对此，学校可做出一些富有成效的尝试。其中一个尝试是组织编写《教师教育实践型导向教材》系列丛书。这些丛书以实践为导向，深度描绘了实践教学的理念和方法，旨在帮助学生更好地理解和掌握实践教学。另外，这些丛书并不仅仅提供理论知识，更注重师范生如何将理论知识应用到实际的教学场景中去。

同时，学校还可以编制各学科的《教学技能标准和案例开发》和《教育研习操作规程及案例开发》。这些教材和资源不仅明确了教学技能的标准，也提供了具体的操作规程，甚至包含了丰富的案例资源。这样的设计为师范生提供了可依赖的指南，让其能够在掌握理论知识的同时，了解具体的实践活动要求，以更好地进行实践活动。以《教学技能标准和案例开发》为例，这本教材为师范生提供了一系列的教学技能标准，每一个标准都通过实际的教学案例进行解析和阐述。这使得师范生在理解标准的同时，也能看到标准在实际教学中的运用，对于提升师范生的教学技能有着积极的促进作用。同样地，《教育研习操作规程及案例开发》也为师范生提供了一系列的教育研习操作规程，每一个规程都以案例的形式呈现，让师范生有机会在理解规程的同时，看到这些规程在实际教学中的应用。

通过编写实践型导向的教材和资源，学校为师范生在实践教学中提供更加精准的指导，帮助师范生更好地理解实践教学的要求，提升自身的信息化教学能力。因提供了具体的实践标准和操作规程教材及资源，使师范生有机会在理解理论知识的同时，更好地把握实践教学的精髓。

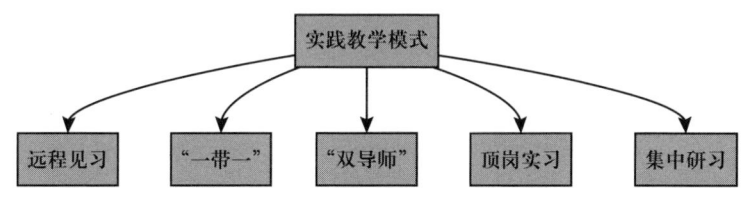

二、完善实践教学模式

完善实践教学模式，应从丰富实践形式、强化指导力度、扩大实践范围等方面进行考虑。这样的模式优化，不仅能让师范生在多样化的实践环境中锻炼，还能以实际需求为导向，切实提高教学质量。在建立更加全面和有效的实践教学模式的过程中，有几种值得关注和探索的实践教学模式，如图6-2所示。

图 6-2 实践教学模式

（一）远程见习

在信息化教学的时代背景下，教育者必须适应新的教育环境，更新教学观念，不断拓宽教学方法，以应对新的教育挑战。在这个过程中，学科案例教学的远程见习环节无疑是一个创新的尝试，这一做法在很大程度上丰富了实践教学的形式，同时有效地拓宽了师范生的视野。

采用远程教学视频会议系统进行见习指导和案例教学指导，充分利用了现代信息技术手段，既提高了教学效率，又能让师范生有更多的机会接触到不同的教学环境和学生群体。远程教学视频会议系统在见习指导和案例教学指导环节展现出巨大价值。

首先，远程教学视频会议系统提供了及时且互动的沟通功能。这一功能对于教学效果的提升极为关键。教学的本质是一种沟通，是教师与学生之间的信息交换。借助远程教学视频会议系统，教师和师范生之间的沟通不再受地域限制，他们可以进行实时的、面对面的交流。这种交流形式能够极大增强师范生的学习体验，提高他们对于教学内容的理解与吸收。

其次，远程教学视频会议系统提供了异地数据和批注内容共享的能力。这意味着在教学过程中，教师可以实时地展示并解析相关的教学案例，同时师范生也可以在此基础上进行批注和提问。这样的交互形式，相较于传统的教学方式，不仅更加便捷高效，还更加生动有趣，有利于激发师范生的学习兴趣和积极性。远程教学视频会议系统还可以实现教师与学生的实时互动。在传统的教学模式中，师范生在遇到问题时，往往需要等待教师的面对面指导。通过远程教学视频会议系统，师范生可以在任何时间、任何地点向教师提问，获得及时的回答和指导，这对提高师范生的学习效率，及时解决学习中遇到的问题具有重要的价值。

最后，远程教学视频会议系统通过将笔输入技术、触摸技术、平板显示技术、网络技术、办公教学软件等多项技术综合于一体，提供了一个功能强大的人机交互平台，使得师范生在使用过程中，可以更方便地进行书写、批注、绘画以及电脑操作。这种交互式的学习环境，不仅提升了师范生的学习体验，更提升了他们的学习效率，有助于他们更好地理解和掌握教学理念和方法。

远程教学视频会议系统在师范生信息化教学培养中的作用和价值显而易见。它改变了传统的教学模式，为师范生提供了更为便捷、高效的学习方式，有助于他们更好地理解和掌握教学理念和方法，从而提升他们的教学能力。

（二）"一带一"

师徒"一带一"方式在教育实训中的运用，为师范生提供了一种全新的学习模式。在这一模式下，师范生能得到师傅的直接指导和帮助，从而更深入地了解和掌握各个学科的教学技能。这种方式既体现了个体化学习的理念，又能保证教育的质量和效果，为师范生的成长提供了有效的支持。

在具体操作中，每一位师范生都有一个对应的师傅，而师傅则根据《教学技能标准》对师范生进行微格训练。这一过程中，师傅不仅是师范生学习的引导者，更是他们在遇到困难和挑战时的支持者。师傅的存在，为师范生提供了一个即时的反馈和调整机制，使他们能够在实训过程中及时调整自己的学习方式和策略，从而更快地适应和掌握教学技能。师徒"一带一"的方式还有助于师范生深刻地感受到教学的魅力和挑战。在这个过程中，师范生不仅需要学习教学技能，更需要了解和体验教学的实质，理解教师在教学过程中需要面对的各种问题，培养出应对这些问题的能力。例如，李同学是一名准备成为数学教师的师范生，被分配到了资深的数学教师陈老师身边进行教育实训。在这个师徒"一带一"的实训过程中,李同学不仅了解到了数学课程的教学要点,更是在陈老师的一对一指导下,亲自动手制作了数字化教学资源,实现了对教学内容的信息化处理。同时,陈老师还鼓励她利用远程教学视频会议系统,观看其他地区优秀教师的数学教学,以此开阔自己的视野,提升教学水平。在"一带一"师徒制下,李同学有机会直接接触和使用最新的教学技术,例如远程教学视频会议系统,对教学资源进行数字化处理等。这些技能在未来的教学工作中会产生重要的作用。由此可见,"一带一"的师徒方式在优化师范生信息化教学能力培养过程中,有着无法替代的作用。它使师范生有了更多的机会去实践、体验和理解教学工作,从而更好地提升自己的信息化教学能力。

（三）"双导师"

"双导师"制度在师范生信息化教学能力培养中扮演着重要的角色。校内导师和校外导师从不同的角度提供着教学指导,使师范生在理论和实践中获得全面的教育。校内导师主要侧重于培养学生的学习能力,提升学生发展空间,以师德教风潜移默化地培养学生的学风,引导其掌握好的学习方法,争取优异的学习成绩,进而培养学生的专业能力。他们会根据学生在不同阶段的需求提供有针对性的指导,帮助学生理解专业知识、把握基本概念,梳理专业课程之间的相互联系与影响,以及探讨如何在实践中运用专业知识。此外,在学生学习的最后阶段,校内导师还会对学生的毕业论文选题、写作提供指导。校外导师的作用更加注重实践。他们为学生提供现实工作环境中的教学经验和实践知识,帮助学生将在学校学到的理论知识应用到实际的教学工作中。他们的存在,能让学生在实习期间更好地适应教学环境,提高自己的适应能力和教学能力。

因此,"双导师"制度的实施让师范生在学习期间,能得到从理论到实践的全方位指导,使得他们在毕业后能更好地融入教学工作中,更快地提高自己的教学能力。这对于提升师范生的信息化教学能力,无疑起到了积极的推动作用。如果将"双导师"制度应用于信息化教学能力的培养,那么校内导师充当着理论指导的角色。他们将以信息化教学理论为主线,协助师范生掌握并运用信息化教学的理论知识和方法。通过让学生了解如何利用数字化资源进行教学设计，如何使用在线教学平台进行教学活动等，帮助师范生理解信息化教学的基本原理和实施策略。而这些知识将是师范生未来教学生涯中最宝贵的资产。与此同时，校外导师专注于实践指导，他们把师范生带入实际的教学环境，让其了解并熟悉信息化教学的现实应用情况。这包括如何面对不同的学生群体进行有效的信息化教学，如何在实际教学中灵活运用信息化教学工具，以及如何解决在信息化教学过程中可能遇到的问题等。这些实践经验将使师范生在面对未来教学挑战时更加从容不迫。通过这样的双重指导，师范生在信息化教学的理论与实践中都得到了全面培养，将极大地提升他们的教学效果，也使他们在信息化教学领域中更具竞争力。

（四）顶岗实习

在师范生的信息化教学能力培养中，建立顶岗实习制度是一种十分有效的方式。通过此制度，师范生有机会走出学校，进入社会，亲身经历真实的教学环境，参与到欠发达地区中小学的支教工作中，无疑为他们的教学能力的提升和信息化教学能力的发展提供了宝贵的实践机会。在顶岗实习的过程中，师范生将直接接触到真实的教育环境，参与到教育公平的实现过程中。在这个过程中，他们将深入了解教育的本质，以及教育对于社会发展的重要性。这种实践经历将有助于他们理解教育的真谛，体验教育的魅力和价值，增强他们的教育使命感和责任感。同时，通过顶岗实习，师范生可以将所学的理论知识应用到实际教学中，进一步提升自己的信息化教学能力。他们可以通过实际操作，掌握各种教学工具的使用技巧，了解和解决在信息化教学过程中可能出现的各种问题，提高自己的问题解决能力和应变能力。顶岗实习不仅是师范生学习的重要环节，也是他们实践和提升信息化教学能力的重要平台。在这个过程中，师范生将得到全面的锻炼，提升自己的教学能力和信息化教学能力，为将来的教学生涯打下坚实的基础。

（五）集中研习

师范生顶岗实习制度的建立，不仅仅是让他们有机会参与教学实践，还包括实习结束后的集中研习和研究报告环节。这一环节是对实习教学的重要补充，对于优化师范生信息化教学能力培养过程具有积极作用。实习结束后，校方会组织师范生进行集中研习，主要针对实习期间的课堂观察、教学视频、调研工作以及班主任工作展开研究。通过这样的研习活动，师范生有机会对自己的教学实践进行深入反思和探索。同时，师范生还需提交相应的研究报告，以总结和展示他们在实习期间的研究成果和收获。通过编写研究报告，师范生能够进一步梳理自己的思路，加深对教学实践的理解，并将所学的理论知识与实际应用相结合。研习和研究报告的环节为师范生提供了一个自我反思和专业成长的机会。通过参与研习和编写研究报告，师范生能够进一步提炼和深化自己的教学理念及方法，不断优化自己的信息化教学能力。他们通过对实习期间的教学案例和调研数据的分析，发现问题并提出解决方案，从而不断提升自己的教学能力和教育素养。

整体而言，师范生研习研究报告环节的引入，有助于优化师范生信息化教学能力培养过程，让师范生在实际教学中不断反思和成长，为将来的教育工作奠定坚实的基础，并更好地为教育事业做出贡献。

三、加强实践教学平台建设

为了优化师范生信息化教学能力培养过程中的实践教学方法，需要加强实践教学平台的建设。其中，成立教师教育实训中心是一个重要的举措。该中心包括数字微格实验室、教育心理实验室、教育研究方法实验室、三笔字与教师语言培训中心等多个实验室，以满足不同方面的实训需求。在这些实训项目中，可以开发设计教育反思和教学研究、信息技术高级应用、教学心理训练等内容，为师范生提供多样化的实践机会。另外，建立师范生专业实践能力自助研训网络平台也是关键。这个平台包括书画研训平台、见习平台、实训平台、师范技能考核平台、实习平台、研习平台、教师教育资源库平台等多个子平台，以满足师范生在实践能力培养方面的不同需求。通过这些平台，师范生可以进行自主学习和实践，提升自身的专业素养和能力。同时，完善教师教育教材库、中小学教材库（包括实体和数字）和视频案例资源库也是重要的一环。这些资源的丰富与更新，能够为师范生提供丰富的教育教学素材和案例，帮助他们更好地理解和应用信息化教学的理论和实践。此外，加强实习基地的建设至关重要。与省内多所中小学校签订实践基地协议，可以为师范生提供更多实践机会和真实教学场景，使他们更好地融入教育实践。同时，实施基础教育研究项目，为实习基地教师开展教育教学研究提供平台和经费支持。还可以实施农村教育振兴行动计划，每年向农村教育实习基地投入资金，加强农村教育实习基地的建设，为师范生提供更广阔的实践场所。

四、强化实践教学技能考核

为了优化师范生信息化教学能力的培养过程，需要在实践教学中强化教学技能的考核。为此，可以制定《师范生教学技能考核办法与竞赛规程》，并实行师范生技能考核的制度。师范生须通过多个方面的教学基本能力考核，如"三字一话"（即教学目标、教学内容、教学方法、教学手段）、教学设计、课件制作、说课等，才能参加集中教育实习。这样的考核机制将有助于筛选出具备一定教学技能和潜力的师范生，确保他们具备基本的实践教学能力。同时，可以启动并使用"师范技能考核数字平台"，该平台可面向二年级以上的师范生，每学期定期举行技能考核。通过数字平台的应用，可以有效地组织、管理和评估师范生的教学技能。这样的考核机制能够强化师范生的实践教学意识与能力，激发他们在信息化教学方面的创新能力和动力。

通过教学技能的考核，师范生将不仅仅是通过理论知识的学习，而是促使师范生在实践教学中反复思考、探索和实践，培养出更加全面、灵活和创新的信息化教学能力。此外，竞赛活动也可以作为补充的手段来强化师范生的实践教学技能。可以组织师范生之间的教学技能竞赛，通过比赛形式的激励和竞争，进一步推动师范生在信息化教学能力方面的创新与发展。竞赛规程的制定将为竞赛活动提供明确的指导和标准，使竞赛成为促进师范生技能培养的有利途径。

五、营造实践教学文化氛围

为了优化师范生信息化教学能力的培养过程，组织一年一度的教师教育文化节、师范技能竞赛和多媒体作品设计竞赛等活动具有重要意义。教师教育文化节是一个专门的教师教育活动，通过展览、演讲、研讨和教育论坛等形式，聚焦教育领域的热点问题，促进教育者之间的交流和分享。在这个文化节中，师范生可以展示自己在信息化教学方面的实践成果，分享自己的教学经验和教育理念，从而得到更多的反馈和启发。师范技能竞赛和多媒体作品设计竞赛则更加注重实践能力和创新能力的培养。师范生可以参与各类竞赛，如教学设计、教学演示、教育科技应用等，通过比赛的形式展示自己在信息化教学方面的才能和创意。参与竞赛不仅能够锻炼师范生的教学技能，还能够让他们在竞争中不断提升自己的专业水平和信息化教学能力。这些活动不仅仅是单纯的竞争和展示，更重要的是为师范生提供了一个学习和交流的平台。在竞赛和展示的过程中，师范生能够与同行进行互动和交流，学习他人的经验和优点，不断拓宽自己的教育视野。通过与其他师范生的对话和互动，师范生能够思考和探讨信息化教学的理念和方法，进一步提升自己的专业素养。

学生社团是培养学生综合素质和实践能力的重要平台，通过组织与教师教育相关的活动，如教学研讨会、讲座和培训，可以让师范生有更多机会参与教育实践和专业交流。学生社团活动的组织依托，可以提供一个多元化的学习和实践环境，让师范生在教师教育活动中得到更全面的培养。通过参与教学研讨会，师范生可以与其他教育学院的学生和教育专家进行交流及学习，分享自己的教学经验和见解。此外，组织讲座和培训也是学生社团活动的重要组成部分。通过邀请资深教育专家和优秀教师举办讲座，师范生能够接触到先进的教育理念和实践经验，从而拓宽自己的教育视野。同时，针对信息化教学的培训课程可以帮助师范生学习和掌握教学软件、教育平台和多媒体技术的应用技能，提高他们在信息化教学方面的专业能力。通过学生社团活动的组织依托，师范生能够在实践中培养创新能力和团队合作精神。学生社团活动提供了一个自主学习和实践的平台，师范生可以参与各种教育项目和实践活动，如教育调研、课程设计、教学实验等。这些实践活动能够培养师范生的创新思维和解决问题的能力，同时促进他们与他人合作和协作的能力，为未来的教学工作打下坚实的基础。

设立"教师教育实践项目"旨在鼓励师范生进行自主式训练，提供独立开展教育实践的机会，促进他们设计和实施信息化教学方案，从而提高自身的信息化教学能力。通过"教师教育实践项目",师范生能够在实际操作中提升他们的信息化教学能力。他们可以根据自己的兴趣和专业方向,选择合适的教学主题和目标群体,设计和实施信息化教学方案。在实践过程中,师范生将面临各种挑战和问题,需要有发挥创新意识和解决问题的能力。通过自主训练,他们可以积极探索、实践和改进,不断提高对信息化教学的理解和应用能力。这种自主性的实践训练有助于培养师范生的创新意识和解决问题的能力。在"教师教育实践项目"中,师范生需要面对真实的教学情境和学生需求,挑战他们的教学方法和策略。通过自主实践,他们能够思考并改进自己的教学方式,探索更适合信息化教学的创新方法。这样的实践训练,不仅提高了师范生的信息化教学能力,还培养了他们的创新思维和问题解决能力,为他们成为富有教育创新精神的教育者打下坚实基础。

另外,开展各类名师讲坛和特级教师论坛是营造实践教学文化氛围的重要环节。通过邀请资深教育专家和优秀教师举办讲座和分享经验,师范生可以接触到先进的教育理念和实践经验,受益于他们的教育智慧和经验分享。在名师讲坛和特级教师论坛中,师范生可以聆听来自教育界的杰出人士的讲述和分享。这些资深教育专家和优秀教师拥有丰富的教育经验和成功的教学案例,他们的分享能够给师范生带来启发和指导。在名师讲坛和特级教师论坛中,教育者们不仅分享了教育的成功经验,还强调了教师的责任和使命。师范生通过聆听他们的教诲,能够深刻理解教师的职业特点和责任,树立起追求教育事业的高尚情操和崇高追求。

第四节 科学构建评价体系

一、师范生信息化教学能力评价的意义和原则

(一)构建科学评价体系的意义

1. 有助于教师了解师范生的信息化教学能力的现状

在教育过程中,教师需要了解师范生的能力水平,以便为他们提供适合的教育资源和教学方法。信息化教学能力评价体系的构建,使教师能够更准确地了解

师范生的能力水平。这对于教师来说是非常重要的，因为只有了解了师范生的能力水平，才能为他们提供适合的教育资源和教学方法。例如，如果一个师范生在使用信息技术进行教学的能力上表现出色，那么教育者可以为他提供更多的机会来发展这个优点；如果一个师范生在理解和应用教学理论方面有所不足，那么教育者可以为他提供更多的学习资源和指导。此外，科学的信息化教学能力评价体系还能为师范生的进一步教育和培养提供依据。通过评价，教育者可以了解到师范生在信息化教学方面的具体需求，从而制订出更符合他们需求的教育计划。如果评价结果显示一个师范生在使用信息技术进行教学的能力上有所不足，那么教育者可以为他设计教学设计、教学资源开发、教学反思、信息技术研究等信息技术教学实践活动。以教学资源开发实践为例，师范生可以尝试开发自己的教学资源，如制作教学视频、设计电子教材、建立在线课程等。这不仅可以提高他们的信息技术应用能力，也可以让他们更深入地理解教学内容。

2. 有助于发现师范生在信息化教学能力方面的优点和不足

评价体系的科学构建能够揭示师范生在信息化教学能力方面的优点和不足。每个师范生都有自己独特的优点和需要改进的地方。通过科学的评价体系，教育者可以清晰地看到这些优点和不足，从而进行有针对性的教育和培养。例如，评价体系可能揭示出某个师范生在使用信息技术进行教学的能力上表现出色。在这种情况下，教师可以鼓励该师范生继续发展这个优点，进一步提升其信息化教学能力。同时，评价体系也可能揭示出某个师范生在理解和应用教学理论方面有所不足。在这种情况下，教师可以为该师范生提供更多的学习资源和指导，帮助他提升理论知识的理解和应用能力。

3. 有助于为其提供明确的发展方向和目标

在信息化教学能力的评价过程中，师范生可以得到具体的反馈和指导，明确自己在信息化教学能力方面需要发展的方向和目标。这一过程对于师范生的教育和培养具有重要的意义。评价体系的科学构建，使教育者能够全面、准确地了解师范生的信息化教学能力现状。这种了解不仅包括师范生的优势和不足，也包括他们的潜力和发展趋势。这样的了解，为教育者提供了依据，使他们能够根据师范生的实际情况，提供适合的教育资源和教学方法。同时，评价体系的科学构建，也使师范生能够得到具体的反馈和指导。通过评价，师范生可以了解自己在信息化教学能力方面的优点和不足，从而进行有针对性的改进。评价可以指出师范生在信息化教学能力方面的短板，并提供相应的改进建议和培训方案。这样的反馈和指导，使师范生能够根据自己的实际情况，制订个人的发展计划，选择适合自身需要的培养途径和学习资源。此外，评价体系的科学构建，可以激励师范生提高自己的信息化教学能力。评价不仅是对师范生能力的检验，也是对他们努力的认可。通过评价，师范生可以了解自己的进步，从而激发他们的学习动力。这样的激励，使师范生更加积极地提高自己的信息化教学能力，实现个人和专业的成长。

（二）构建科学评价体系的原则

在构建科学评价体系的过程中，需要考虑以下四个原则：公正性、科学性、实用性和发展性（见图6-3）。这些原则确保评价体系在评估中保持公正和客观，基于科学方法和理论，提供有用的信息和反馈，并具备持续发展和改进的能力。

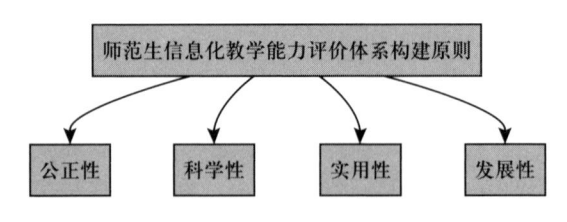

图6-3 科学评价体系的原则

1. 公正性

（1）保持客观公正的态度。每一个师范生都有自己的优点和不足，评价者应公正地对待每一个师范生，不因个人喜好、偏见或其他非专业因素影响评价结果。这意味着评价者需要超越个人的主观情感，避免因为对某个师范生的偏好或者偏见而影响评价的公正性。

（2）评价的标准和方法公正。评价的标准和方法应该是公平的，不偏袒任何一方。这意味着评价的标准和方法应该是公开的、透明的，所有的师范生都能在同样的标准和方法下进行评价。评价的标准和方法也应该是公正的，不因师范生的性别、年龄、背景等非专业因素而有所不同。

公正性原则要求评价的结果公正。评价的结果应该是公正的，公正地反映出师范生的信息化教学能力。这意味着评价的结果不应该因为评价者的主观意愿或者其他非专业因素而有所偏颇。

（3）评价的反馈和后续行动公正。评价的反馈和后续行动应该是公正的，公正地对待每一个师范生。这意味着评价的反馈和后续行动不应该因为师范生的信息化教学能力的高低而有所不同，所有的师范生都应该得到公正的反馈和后续行动。

2. 科学性

（1）评价应基于科学的理论和方法进行。评价者应根据教育学、心理学等相关理论，选择适合的评价方法和工具，确保评价结果的科学性和准确性。

（2）评价的理论基础要科学。在构建评价体系时，应充分借鉴和运用教育学、心理学等相关理论，确保评价体系的理论基础是科学的。例如，可以运用教育学的教学理论、心理学的学习理论、信息科学的信息处理理论等，来指导评价体系的构建。

（3）评价的方法要科学。在进行评价时，应选择科学的评价方法和工具。这些方法和工具包括定性的和定量的评价方法，如观察法、测试法、访谈法、问卷法、案例分析法等。通过这些科学的方法，可以更准确地评价师范生的信息化教学能力。

（4）评价的过程要科学。在进行评价时，应遵循科学的过程，包括明确评价的目标和内容，选择合适的评价方法和工具，收集和分析数据，得出评价结果，反馈评价结果等。这个过程应是透明的、可复查的，以确保评价的公正性和准确性。

（5）评价的结果要科学。评价的结果应能真实、准确地反映师范生的信息化教学能力。这需要评价者具有专业的知识和技能，能够准确地解读和使用评价结果。

3. 实用性

（1）评价结果能够真实反映师范生的信息化教学能力。评价不仅要考察师范生的理论知识，还要考察他们的实践技能和创新思维。理论知识是信息化教学能力的基础，实践技能是信息化教学能力的应用，创新思维是信息化教学能力的提升。只有全面考察这些方面，评价结果才能真实反映师范生的信息化教学能力。

（2）评价能为师范生的教育和培养提供实际的指导。评价者应根据评价结果，为师范生提供有针对性的教育资源和教学方法，帮助他们提高信息化教学能力。同时，评价者也应鼓励师范生根据评价结果，制订个人的发展计划，选择适合自身需要的培养途径和学习资源。

（3）评价能适应教育和培养的变化。随着信息技术的发展和教育需求的变化，师范生的信息化教学能力也需要不断更新和提升。因此，评价应能适应这些变化，及时更新评价标准和方法，确保评价的实用性。

4. 发展性

（1）强调前瞻性的视角。在评价过程中，不仅要看到师范生现在的表现，更要看到他们未来的可能性。这就要求评价者具有深厚的专业知识，能够从师范生的表现中看出他们的潜力，预见他们的发展趋势。这样，评价不再是一个简单的评分过程，而是一个发现潜力、指导发展的过程。

（2）强调个性化的关注。每个师范生都有自己的优点和不足，有自己的兴趣和特长，有自己的发展需要。因此，评价应该尊重师范生的个性，关注他们的个体差异，反映出他们的个性化发展需要。这样，评价不再是一个统一的标准，而是一个多元化的、个性化的过程。

（3）强调长期性视角。教育是一个长期的过程，师范生的发展也需要时间。因此，评价应该有长期性，关注师范生的持续发展，反映出他们的长期发展趋势。这样，评价不再是一个短期的结果，而是一个长期的过程。

二、具体评价指标体系的构建

（一）一级指标的设定

在设定一级指标时，本书参照了四个主要维度，即"意识与责任""知识与技能""设计与实施"和"教学与评价"。这些维度的选择反映了师范生信息化教学能力的多元性和综合性，以全面评价其在现代教育环境中的表现和贡献。

意识与责任，考察师范生对于信息化教学的理解和态度，以及他们在实施信息化教学时所承担的责任。对于信息化教学的深入理解和积极态度，是实现高效教学的基础。而在信息化教学中所承担的责任，如保护学生隐私、确保信息资源的合理使用，都是师范生在信息化教学过程中必须充分认识和履行的责任。

知识与技能，关注师范生是否掌握必要的信息化教学理论知识和操作技能。这包括对信息化教学工具的熟练操作，对信息化教学方法的理解和应用，以及对教学内容的信息化处理和展示。这些知识和技能的掌握，能帮助师范生更好地设计和实施信息化教学。

设计与实施，主要看师范生是否能独立或通过团队合作来设计和实施信息化教学活动。这包括制订信息化教学计划，选择合适的教学工具，设计有效的教学策略，以及根据教学情境和学生需求灵活调整教学活动。

教学与评价，旨在评价师范生在实施信息化教学过程中的表现，以及他们对教学效果的评价能力。这不仅需要师范生能有效地组织和引导教学，还要求他们能对教学过程和教学效果进行反思和评价，以便不断优化教学活动。

在制定一级指标的过程中，本书搜索了关于师范生信息化教学能力评价的相关文献，重点对其内涵和结构要素进行分析，对其中的一些高频词进行分类、梳理后作为参照（见表6-1）。最终，选择高频词排名前三的内容融入一级指标：信息化教学基本能力、信息化教学实施能力、信息化教学实践能力。

表6-1 信息化教学能力一级指标的来源

排序	高频词排序	一级指标
1	信息化知识技能	信息化教学基本能力
2	信息化教学实施能力	信息化教学实施能力
3	实训	信息化教学实践能力
4	信息化教学态度	
5	信息化教学监控能力	
6	促进学生信息化学习能力	
7	职业素养	
8	伦理与文化	

(二)二级指标的设定

二级指标的设定旨在更具体和细致地描绘一级指标下的具体表现形态。在这个层面上，借鉴了 TPACK（技术、教育和内容知识）理论，进一步细化了信息化教学能力的评价标准。

基于 TPACK 理论中的"学科知识"和"教学法知识"，设定了"学科教学能力"作为一个重要的二级指标。这一指标主要评估师范生在选择教学模式时能否适应特定的学科内容和教学情境，能否有效地将学科知识和教学法知识结合起来，以促进学生的学习。

将 TPACK 理论中的"技术知识"以及"整合技术的学科内容知识"和"整合技术的教学法知识"作为另一组二级指标。这些指标分别从技术能力、课程研发和教学实施三个方面评价师范生的信息教学能力。技术能力主要关注师范生是否掌握并能有效运用信息化教学所需的技术工具和平台；课程研发评估师范生能否根据学科内容和教学目标，设计和制作适应信息化教学的课程资源；教学实施则主要看师范生在实际教学中能否有效地运用技术工具，进行信息化教学。

从 TPACK 理论中提取了"整合技术的学科教学知识"，形成了独立的二级指标——"技术与学科内容结合的教学能力"。这一指标着重考察师范生是否能够灵活并有效地将技术工具和教学内容结合起来，提升教学效果和学生的学习体验。

通过这种方式，能够更具体、全面地描绘和评估师范生的信息化教学能力，这也有助于更好地理解和提升师范生在信息化教学实践中的表现。如表 6-2 所示。

表 6-2 师范生信息化教学能力二级指标

二级指标	具体内容
学科教学能力	根据学科标准选择合适的教学模式
信息化技术能力	教师能够通过多种途径将信息资源运用到教学上的能力
整合技术的学科实践能力和课程研发能力	教师把信息技术运用在教学实践和校本课程研发中

续表

二级指标	具体内容
运用技术教学能力、信息化教学能力	教师运用现代化教学资源、平台进行教学，并利用信息技术进行教学设计、教学实施、教学评价的能力
技术与学科内容结合的教学能力	运用技术和课堂教学相结合的能力

（三）三级指标的设定

三级指标的设定是一个集体智慧的产物，深入吸纳了教师、学生和专家的建议及意见。这些反馈在多轮修订过程中得到了充分的考虑和运用，以确保指标的专业性、有效性和公正性。最终，形成三级评价指标，它们对评价内容进行了精确的拆解，明确描绘出了评价的详细内容，从而保证了评价工作的可执行性和科学性。如表6-3所示。

表6-3 师范生信息化教学能力二级指标、三级指标及其内容

二级指标	三级指标	具体内容
信息化技术能力	运用信息技术的意识与态度	认识到信息技术在教学中的重要性，能够主动运用信息技术教学
	运用各种多媒体工具的能力	在教学过程中，通过信息平台运用多媒体进行操作的能力
	运用信息资源工具的能力	通过各种网络平台，收集、分析、整理材料，梳理形成师范生自己的教学资料，并传授给学生
信息化教学能力	信息化教学设计能力	运用现代化技术和信息资源设计课程，提高学生学习效率
	信息化教学运用能力	合理使用信息技术，直观形象展示教学内容，提高学生学习效率
	信息化教学评价能力	通过信息平台分析学生对学习的参与率，作业完成率和正确率等，并利用计算机形成整体评价

续表

二级指标	三级指标	具体内容
学科教学能力	学科教学知识	师范生从事本学科教学应具备的知识
	学科教学模式的能力	根据学科教学标准，选择适合的学科教学模式
	运用教学方法的能力	根据课堂教学目标，选择适合的课堂教学方法
	统筹教学进度的能力	根据学生对知识的掌握，合理安排教学进度
	评价学生能力	根据课堂教学目标，对学生学习效果进行评价
运用技术教学能力	运用教学软件的能力	在教学中应用音视频编辑软件等
	运用信息化教学资源的能力	运用教学平台系统教学，能学习提炼其他各种平台上和教学有关的资料，并运用到实际教学中
	运用其他网络教学的能力	能进行慕课教学，使用腾讯会议、腾讯课堂等平台直播教学
技术与学科内容结合的能力	丰富课堂教学资源的能力	为提高学生课堂学习兴趣，教师需要延伸或者丰富教学内容，能够查找到相关教学资源的能力
	用技术工具检验课堂教学效果的能力	能运用多媒体设备对学生的学习效果测评
整合技术的学科实践能力	专业信息化实践能力	师范生从事实践教学中运用信息化技术
	信息化实习能力	师范生运用信息技术手段指导学生实习
	信息化校企合作能力	师范生在企业合作中能够运用信息化技术
整合技术的学科校本课程研发能力	信息化研发校本课程	运用信息化技术研发校本课程
	信息化实施校本课程	在校本课程的实施中运用信息化技术
	信息化评价技术课程	运用现代化手段对校本课程评价

三、评价指标体系的实践价值

(一)为师范生准入提供依据

师范生信息化教学能力评价指标体系在实际应用中具有显著的价值。在师范生的招聘过程中,大数据信息化时代的到来使信息化能力成为应聘者的基本素养。现有的招聘流程往往重视应聘者的学历、专业能力和教学经验,但缺乏对信息化教学能力的全面评估。本书提供的评价指标体系能在此环节中发挥重要作用,帮助学校更全面地审查应聘者在信息化教学方面的能力。这不仅能够提高招聘质量和效率,也可以确保学校教育信息化水平的稳定和提升。

(二)为师范生培养提供参考

在当前大数据信息化时代,虽然学生已被视为学习活动的主导,然而这并未使师范生的重要性削减,反而对其提出了更高的期待。在这个环境下,师范生被期待能够有效地运用新技术融入课堂,利用现代信息化工具提升教学效能以及优化学习成果。这种情境不仅激发师范生积极探索新技术的运用,更促使他们不断提升自身信息化教学能力。过去,师范生培训项目并未充分重视信息化能力的提升,大部分培训以短期集中式进行,培训次数相对较少,且形式和内容较为单一。然而,对于当今高职师范生的信息化能力培训,已经无法满足需求。因此,本书提出的评价指标为此问题提供了可行的解决方案。这些指标能够用于高职师范生信息化能力培训的参考依据,基于这些指标,可以明确培训的总体目标和任务,拓展培训形式的多样性以及内容的具体性。更进一步地说,这些评价指标不仅可以引导学校师资培养的方向,还能为验证师资培训效果提供判断依据。

(三)为师范生发展提供支持

尽管师范生的教学能力通常在职业生涯后期达到顶峰,但由于缺乏持续的激励机制,他们的专业发展往往在此阶段出现滞后。在大数据信息化时代,师范生的角色愈发重要,他们的信息化教学能力对推动教育信息化的全面进步和深度融合有着至关重要的影响。因此,把信息化教学能力视为师范生专业发展的一部分,对其进行量化评估,成为激发师范生积极参与培训、提高学习热情的关键策略。

对于不同系部、不同专业的师范生，根据他们所处的特定教学环境设计定制化的培训课程，有助于他们深化教学技艺，提升协作精神，更新专业知识，从而在根本上刺激师范生积极主动参加信息化教学能力的提升培训。通过对照本书提出的信息化教学能力评价指标体系，师范生能够及时识别并改进信息化教学过程中存在的问题，从而推动他们个人教学能力的进一步提升，为个人专业发展贡献力量。总体来看，通过全方位的重视，并提升师范生的信息化教学能力，能够有效推进教育信息化的进程，提升教育质量和效率。

第七章 健全师范生信息化教学能力创新培养保障体系

第一节 完善政策制度保障体系

一、设立科学合理的政策框架

（一）政策框架需要明确信息化教学能力培养的目标

制定科学合理的政策框架是健全师范生信息化教学能力创新培养保障体系的关键一环。在设立政策框架时，明确信息化教学能力培养的目标至关重要。师范生信息化教学能力的培养目标应明确具体，以便为教育部门、师范院校以及师范生自身提供明确的方向和目标。首先，师范生应具备信息获取和处理的能力。在信息时代，师范生需要具备收集、筛选和处理大量信息的能力，以便为教学提供准确、及时的信息支持。其次，师范生应具备教学资源开发和应用的能力。他们应能够利用信息技术，设计和开发符合教学需求的教学资源，并能熟练运用各类教育应用软件和平台。此外，师范生还应具备多媒体教学设计和实施的能力，能够运用多媒体技术和工具，设计并有效地实施丰富多样的教学活动。最后，师范生应具备信息化教学评价和反思的能力，能够利用信息技术对学生的学习情况进行评价，并及时反思和调整教学策略。

为了实现这些培养目标，政策框架应明确师范生信息化教学能力的层级和要求。师范生的信息化教学能力培养应分为不同层级，从基础到高级逐步提升。例如，在基础阶段，师范生应掌握基本的信息技术操作和教育应用软件使用技能；在高级阶段，应具备信息化教学设计和创新能力。此外，政策框架还应明确信息化教学能力的评估要求，以确保培养成果的可量化和可衡量。评估可以通过考试、作品展示、教学实习和教学观摩等方式进行，将师范生的信息化教学能力的培养纳入综合评价体系。

（二）政策框架需要明确信息化教学能力培养的任务

明确信息化教学能力培养的任务是确保政策框架的有效实施和推动师范生信息化教学能力全面提升的重要方面。教育部门在师范生信息化教学能力的培养中扮演着重要的角色。

首先，教育部门应制定相关政策和规划，明确信息化教学能力培养的目标和要求，并提供政策支持和指导。例如，教育部门可以设立专门的教育教学信息化发展基金，用于支持师范生的培训和实践项目。此外，教育部门还可以组织相关培训和研讨活动，促进教师培训机构和师范院校之间的合作与交流。

其次，师范院校是培养师范生信息化教学能力的重要基地。师范院校应该根据政策框架的要求，设计和开设相关课程，包括信息技术基础、教育应用软件使用、多媒体教学设计等方面的课程。同时，师范院校还应加强实践环节的设置，提供实际教学场景下的信息化教学实践机会。

最后，为了提高师范生的信息化教学能力，师范院校可以与教育部门合作，共同开展科研项目和实践活动，探索信息技术在教学中的创新应用。教师培训机构也承担着重要的任务，为师范生提供专业培训和指导。教师培训机构可以针对师范生的信息化教学能力培养需求，开设针对性的培训课程，帮助师范生掌握先进的信息技术和教学方法。此外，教师培训机构还可以组织专题研讨和讲座，邀请信息化教学领域的专家和学者分享最新的研究成果和教学实践经验，促进师范生专业的成长。

（三）政策框架需要明确信息化教学能力培养的要求

政策框架应明确师范生信息化教学能力培养的基本要求，包括培养的层次、时间安排、课程设置和评估要求等。师范生的信息化教学能力培养应贯穿其整个学习过程，从入学到毕业，形成系统、连贯的培养路径。政策框架可以规定在不同学年和学期的不同阶段，师范生需要学习和掌握的信息技术知识和教育应用技能。此外，政策框架还应明确课程设置，包括设立相关的信息技术基础课程、教育应用软件使用课程以及多媒体教学设计课程等，以确保师范生获得全面的信息化教学能力培养。

政策框架应明确师范生信息化教学能力培养的评估要求。评估是对师范生信息化教学能力的有效衡量和反馈机制。政策框架可以规定评估的方式、方法和标准，以确保评估的客观性和公正性。评估可以采用多种形式，包括考试、作品展示、教学实习和教学观摩等，从不同角度全面评估师范生的信息化教学能力。此外，政策框架还应鼓励教育机构推行教学评估和反馈机制，帮助师范生不断改进和提升信息化教学能力。

二、制定细致入微的实施步骤

（一）政策制定和发布

1. 研究调研

研究调研是制定信息化教学能力培养政策的基础。教育部门和相关机构应进行广泛的研究和调研，以了解当前信息化教学能力培养的需求和背景。这可以包括对国内外教育界的最新趋势、教育技术的发展、信息化教学案例的调查和分析等方面的研究。通过这些研究调研，可以为政策制定提供实证数据和科学依据。

2. 政策制定

基于研究调研的结果，教育部门和相关机构可以开始制定师范生信息化教学能力培养的相关政策。政策制定需要明确政策的目标、要求和措施。这些目标应该与教育发展的趋势和需求相一致，能够满足社会对信息化教学能力的期望。政策的要求应该明确师范生需要具备的核心能力和技能，并指导教育机构在课程设置、教学方法和评估标准等方面的具体操作。同时，政策制定还需要考虑师范生信息化教学能力培养的时间安排、培养的层次和阶段等因素。

3. 政策审批和发布

制定完成的政策需经过相关部门的审批程序。政策的审批程序可能需要教育部门、高校管理部门和其他相关机构的参与。在审批过程中，政策将接受专家评审、法律合规性审核、社会影响评估等方面的审查。一旦通过审批，政策将正式发布。政策的发布需要采取合适的渠道，包括政府公告、教育部门的通知、学校和机构的内部通知等形式，以确保政策的合法性、权威性和广泛性。

（二）制定实施指南和操作手册

1. 制定实施指南

实施指南是对政策要求的具体阐述，以指导教育机构、师范生和教师在信息化教学能力培养中的实际操作。

（1）明确操作目标。根据政策要求，明确实施指南的操作目标，即师范生信息化教学能力培养的具体要求和目标。

（2）制定操作步骤。根据操作目标，制定具体的操作步骤，详细说明每个步骤的操作内容和顺序。这些步骤应该按照逻辑顺序排列，使操作过程清晰可行。

（3）安排时间计划。为每个操作步骤制订合理的时间计划，以确保培养工作按时进行。时间计划应考虑到不同阶段和层次的培养需求，合理分配时间资源。

（4）明确责任分工。明确各个参与方的责任和分工，包括教育机构、师范生和教师等。指导教育机构合理安排资源和人力，师范生按要求参与培养，教师提供指导和支持。

2. 编写操作手册

操作手册是对实施指南的具体说明和补充，为师范生提供更具体的指导和说明。

（1）详细培养内容。根据实施指南，详细描述师范生需要学习和掌握的信息化教学能力培养内容。这包括具体的知识、技能和方法等方面。

（2）阐述评估要求。明确评估师范生信息化教学能力的要求和标准。说明评估的方式、方法和标准,包括考试、作品展示、教学实习等方面的评估。

(3)设计课程设置。根据培养目标,设计相关课程和学习内容。明确课程的目标、内容、教学方法和学时安排,确保课程的全面性和针对性。

(4)提供实例和案例。为师范生提供实例和案例,帮助他们理解和应用所学知识。这可以包括教学案例、多媒体教学设计案例等,以加强实践能力的培养。

(三)推广和培训

1. 推广政策

推广政策是确保政策被广泛了解和接受的关键步骤。

(1)制订推广计划。根据政策的特点和目标制订推广计划。计划应包括宣传渠道、宣传材料、宣传活动等方面的安排。

(2)制定宣传材料。制作相关的宣传材料,如宣传册、海报、宣传视频等。材料应简明扼要地介绍政策的背景、目标和实施要求,以吸引目标群体的注意。

(3)宣传活动组织。组织各类宣传活动,如宣讲会、研讨会、座谈会等。通过活动,向相关教育机构、师范生和教师介绍政策的内容,并解答相关问题。

(4)利用宣传渠道。利用多种渠道进行政策的宣传,包括教育机构的网站、社交媒体、电视媒体等,以确保政策能够覆盖更广泛的受众。

2. 开展培训活动

开展培训活动是为相关教育机构、师范生和教师提供必要的培训和指导,以使其了解政策要求并掌握相关的信息技术和教学方法。具体步骤如下:

(1)设计培训课程。根据政策要求,制定培训课程的内容和安排。课程应包括理论培训、实践操作和案例分析等方面,以提供全面的培训内容。

(2)确定培训方式。确定培训的方式和形式,可以采用面对面授课、在线培训、研讨会等方式,根据不同受众的特点和需求进行选择。

(3)开展培训活动。根据培训课程和方式,组织相关的培训活动。培训活动应注重实践操作和案例分析,提供师范生和教师参与实际教学场景的机会。

(4)提供指导和支持。为师范生和教师提供必要的指导和支持。这可以包括教学指导、教材推荐、教学资源共享等方面的帮助。

（四）实施和监测

1. 实施政策

根据实施指南和操作手册的要求，教育机构、师范生和教师开始实施政策，开展信息化教学能力的培养工作。

（1）课程实施。根据课程设置和实施指南，教育机构组织师范生参与相关课程和实践活动。师范生将学习和运用信息化教学的知识和技能，并将其应用于实际教学中。

（2）教师指导。教师在信息化教学能力培养过程中扮演重要角色。教师应提供指导和支持，帮助师范生理解和应用所学知识，实践信息化教学。

（3）教学资源应用。教育机构提供相应的教学资源，如多媒体设备、教学软件、网络资源等，帮助师范生在实际教学中应用信息化教学技术和工具。

（4）实践和实习。师范生参与教育实践和实习，将所学的信息化教学能力应用于实际教学环境中，这有助于他们巩固和提升自己的能力。

2. 监测和评估

建立有效的监测和评估机制是为了了解政策实施的效果和问题，并进行调整和优化。

（1）数据收集。通过考核、评价、调研等方式，收集相关数据和信息。可以利用问卷调查、实地观察、教学评估等手段，获得师范生信息化教学能力培养的数据和反馈信息。

（2）数据分析。对收集的数据进行分析和解读。可以统计师范生在信息化教学能力方面的表现、学习效果、教学成果等，评估政策的实施情况。

（3）评估效果。根据数据分析的结果，评估政策的实施效果。比较实施前后的变化和差距，分析政策对师范生信息化教学能力培养的影响。

（4）调整和优化。基于评估的结果，进行政策的调整和优化。根据实施中发现的问题和挑战，对政策的目标、要求、措施等进行修订和改进。

三、确保政策的包容性和公平性

（一）考虑多样性和差异性

师范生的多样性和差异性是确保政策包容性和公平性的关键。师范生来自不同的背景、学科和能力层次，面临不同的学习和发展需求。政策应该充分考虑到这些差异，提供灵活的培养路径和多样化的培养方式。这可以包括不同的课程设置、培训方式和评估标准，以满足不同师范生的需求。

1. 灵活的课程设置

在信息化教学能力培养的课程设置上，政策制定者和教育机构应提供灵活性，以适应不同师范生的学科背景和兴趣。例如，针对师范生来自不同学科的情况，可以设计多样化的课程内容，使其能够获得与自己专业相关的信息化教学能力的培养。

2. 多样化的培养方式

政策制定者和教育机构应提供多样化的培养方式，以满足师范生的不同学习风格和需求。有些师范生更适应实践操作和实际教学，可以提供实地教学实习的机会；有些师范生更倾向于理论学习和研究，可以提供科研项目或学术论文的培养途径。

3. 个性化的评估标准

为了确保公平性，评估师范生信息化教学能力时应采用个性化的评估标准。不同师范生具备不同的背景和能力，因此评估应考虑到他们的个体差异。可以制定灵活的评估指标和评价体系，允许师范生展示自己的信息化教学能力，并根据其个人特点进行综合评估。

（二）提供平等的机会和资源

确保政策的包容性和公平性需要提供平等的机会和资源，让每个师范生都有平等参与信息化教学能力培养的机会。政策制定者和教育机构应提供平等的培养资源，如教学设施、教材、教学技术和教师指导。特别关注基础条件较差的学生，提供额外的支持和帮助，以确保他们能够充分参与和受益于信息化教学能力的培养。

1. 平等的学习机会

政策制定者和教育机构应确保每个师范生都能够平等获得信息化教学能力的学习机会。这可以通过制定政策，明确规定师范生在学习过程中的权利和机会，确保不会受到歧视和不公平待遇。

2. 公平的资源分配

教育机构应公平分配教学资源，包括教学设施、教材、教学技术和教师指导等。特别是对于基础条件较差的学生，应提供额外的支持和帮助，确保他们能够获得与其他学生相同的学习资源。

3. 创造平等的学习环境

教育机构应创造平等的学习环境，鼓励师范生之间的互助和合作。通过促进学生之间的交流与合作，创造积极的学习氛围，帮助师范生共同成长和进步。

4. 公平的招生和选拔机制

政策制定者和教育机构应建立公平的招生及选拔机制，确保招收的师范生群体具有多样性和包容性。招生程序应透明、公正，避免歧视和偏见。通过面试、综合评估等方式，综合考察师范生的综合素质和潜力，以保证每个学生都有平等的入学机会。

（三）确保评估的公正性

评估是衡量师范生信息化教学能力的重要手段，需要确保评估的公正性。政策制定者和教育机构应确保评估标准和方法的客观性和公正性，避免评估过程中的主观偏见和不公平对待。评估过程应基于准确的评价标准，并采取多样化的评估方式，包括考试、作品展示、教学实习等，以充分考察师范生的信息化教学能力。

1. 制定明确的评估标准

政策制定者和教育机构应制定明确的评估标准，以确保评估的客观性和公正性。评估标准应基于信息化教学能力的核心要素和能力层级，具体明确每个层级的要求和表现。标准应具体、明确，避免模糊性和主观性。

2. 多样化的评估方式

为了综合评估师范生的信息化教学能力，政策制定者和教育机构应采取多样化的评估方式。除传统的考试形式外，还可以采用作品展示、教学实习、课堂观察等方式。多样化的评估方式可以更全面地了解师范生的实际表现和能力水平。

3. 客观的评估过程

评估过程应该是客观的，避免主观偏见和不公平对待。评估者应受到专业培训，具备充足的专业知识和评估经验。评估过程中的评分标准和评估方法应明确、一致，并且能够被评估者理解和接受。

4. 独立的评估机构或专家

为了确保评估的公正性，可以考虑由独立的评估机构或专家进行评估。独立的评估机构或专家可以提供客观、中立的评估意见，避免利益冲突和主观偏见的影响。

5. 透明的评估流程和结果

评估过程和结果应该是透明的，让师范生了解评估的具体流程和标准。评估结果应及时通知师范生，并提供具体的反馈和改进建议，帮助他们了解自己的优势和不足，并在评估结果的基础上进行进一步的发展和提升。

（四）提供支持和辅导

为了确保政策的包容性和公平性，政策制定者和教育机构应提供支持及辅导机制，帮助师范生克服困难，提高信息化教学能力。这可以包括提供指导和咨询服务，帮助师范生理解政策要求，解答疑问；提供培训和发展机会，以帮助他们提升自身的信息化教学能力；提供实践和实习机会等。

1. 指导和咨询服务

政策制定者和教育机构可以设立指导和咨询服务机构，为师范生提供专业指导和咨询。这些机构可以由专业教师、教育专家或信息技术专家组成，为师范生解答疑问，提供实用的建议和指导，帮助他们理解政策要求和提升信息化教学能力。

2. 培训和发展机会

政策制定者和教育机构应提供培训和发展机会，帮助师范生掌握信息化教学的知识和技能。这可以包括专业培训课程、研讨会、研究项目等形式。培训和发展机会应根据师范生的需求和水平进行分类，以满足不同层次和需求的师范生的培养要求。

3. 实践和实习机会

为了帮助师范生将理论知识应用于实践，政策制定者和教育机构应提供实践和实习机会。这可以包括参与真实的教学项目、参观先进的教育实践、参与教育技术项目等。通过实践和实习，师范生可以更好地掌握信息化教学的实际操作和技巧。

（五）监测和反馈机制

建立有效的监测和反馈机制，是确保政策包容性和公平性的重要手段。通过监测和收集数据，可以及时了解政策实施的情况，发现潜在的问题和挑战，并采取相应的措施进行调整和优化。同时，建立反馈机制，让师范生和教师可以提出意见和建议，参与政策的改进和完善。

1. 监测政策实施情况

政策制定者和教育机构应建立监测机制，对政策的实施情况进行定期监测和评估。这可以通过收集和分析相关数据实现，如师范生的参与情况、培养效果的评估、教育机构的执行情况等。监测结果应及时反馈给政策制定者和教育机构，以便及时了解政策实施的进展和问题。

2. 数据收集和分析

为了实施监测机制，政策制定者和教育机构应建立数据收集和分析系统。可以采用定期的问卷调查、统计数据、学生评价和教师反馈等方式，收集关于师范生信息化教学能力培养的相关数据。这些数据可以用于评估政策的实施情况、发现潜在问题，并为政策的改进提供依据。

3. 反馈机制

政策制定者和教育机构应建立反馈机制，让师范生和教师能够提出意见和建议，参与政策的改进和完善。可以设立专门的反馈渠道，例如在线平台、意见信箱、定期座谈会等。师范生和教师可以通过这些渠道表达他们的看法、经验和建议，对政策的实施进行反馈。

四、持续更新和优化相关政策

（一）跟踪和分析趋势

1. 了解新兴技术和教学方法

政策制定者和教育机构应密切关注新兴技术和教学方法的发展，如人工智能、虚拟现实、增强现实等。这些新技术和方法在信息化教学中具有巨大的潜力，可以提供更丰富、互动性更强的学习体验。通过跟踪和分析这些趋势，政策制定者和教育机构可以及时更新培养目标、调整课程设置，以适应新的教学需求。

2. 关注教育政策和改革动态

关注教育政策和改革的动态，特别是与信息化教育相关的政策和法规。了解政策和法规的变化，可以帮助他们及时调整相关政策和实施指南，确保政策的合规性和适应性。同时，关注其他国家和地区的教育政策和改革实践，从中汲取经验教训，借鉴成功经验，为自身的政策制定提供参考。

3. 研究成果和教育实践

关注相关研究成果和教育实践的最新进展，这可以通过参与学术会议、研讨会和专业论坛，阅读学术期刊和研究报告，与研究机构和教育专家合作等方式实现。通过对最新研究成果和教育实践的了解，政策制定者和教育机构可以了解最新的教育理论、教学方法和评估方式，从而指导政策的更新和优化。

4. 与行业和社会沟通

应积极与行业和社会进行沟通和交流，可以与相关企业、行业协会、非政府组织等建立合作关系，了解行业对师范生信息化教学能力的需求和期望。此外，他们可以与教育参与者、教师和学生等进行定期的座谈会、访谈和调研，了解他们对信息化教学的看法、意见和建议。通过这些沟通和交流，政策制定者和教育机构可以更好地把握信息化教育的发展方向和实际需求。

（二）教育研究和前瞻性调研

1. 收集相关数据和意见

收集相关数据和意见，以了解信息化教学能力培养的需求和现状。这可以通过定期的调研问卷、深度访谈、焦点小组讨论等方式来实现。他们可以与师范生、教师、教育专家和行业领域进行合作，收集他们的观点、经验和建议。通过分析教育统计数据、教育调查报告和学生评价等渠道，了解信息化教学能力培养的现状和挑战。

2. 建立研究和创新平台

政策制定者和教育机构应建立研究和创新平台，促进教育研究和前瞻性调研的开展。可以建立教育研究机构、教育政策研究中心等机构，组织专业团队开展相关研究项目。鼓励师范院校和教育机构开展教育实验和创新项目，探索新的教育模式和教学方法。

3. 与教育专家和学者合作

政策制定者和教育机构应与教育专家、学者和研究机构合作，进行相关的教育研究。可以组织专题研讨会、学术研讨会等活动，让专家和学者分享最新的研究成果和见解。通过与教育专家的合作，政策制定者和教育机构可以获取专业的知识和建议，指导政策的更新和优化。

（三）灵活的政策调整机制

1. 弹性的政策调整

应确保政策具有一定的弹性，能够适应不同的教育环境和需求变化。他们可以设立政策调整的阶段性目标，根据实际情况进行灵活的调整。例如，可以根据师范生信息化教学能力的培养效果和需求变化，调整培养目标、课程设置、评估标准等。

2. 长期的政策更新机制

应建立长期的政策更新机制，定期对政策进行更新和优化。随着教育环境和需求的变化，政策也需要相应地进行调整和更新。这可以通过制定政策更新的时间表和程序实现。政策更新应基于前瞻性调研和教育研究的成果，充分利用新的教育技术、教学方法和评估方式，以保持政策的与时俱进性。

（四）制定新政策和指导文件

1. 了解需求和趋势

政策制定者和教育机构应通过研究、调研和数据分析等方式，了解信息化教学能力培养领域的需求和趋势。可以关注教育技术的发展、师范生和教师的实际需求以及行业和社会的变化。基于这些了解，可以制定新的政策和指导文件，以满足教育的新需求和挑战。

2. 参考国内外经验

参考国内外的经验和最佳实践，借鉴成功的政策和实施经验。可以与其他国家或地区的教育部门、师范院校和教育专家进行合作和交流，分享经验和学习借鉴。通过借鉴国内外的经验，可以为制定新政策和指导文件提供参考和指导。

3. 深入研究和讨论

制定新政策和指导文件需要进行深入的研究和讨论。政策制定者和教育机构可以组织专题研讨会、研究小组等形式，邀请教育专家、学者和教育从业者参与讨论和研究。通过多方的研究和讨论，可以深入探讨信息化教学能力培养的核心问题和挑战，为新政策和指导文件的制定提供理论和实践支持。

4. 广泛征求意见和建议

广泛征求师范生、教师、教育管理者和其他利益相关者的意见和建议。可以通过开展问卷调查、座谈会、听取意见等方式，收集不同群体的声音和反馈。这些意见和建议可以帮助政策制定者更好地了解各方的期望和需求，并在制定新政策和指导文件时予以考虑。

第二节　提升师资队伍建设水平

一、加快环境建设，为信息化教师队伍建设搭建信息化平台

提升师资队伍建设水平的关键环节是加快环境建设，以搭建信息化平台为基础。为应对当前信息化快速发展的挑战，高校需要构建高信息素养的教师队伍，

不仅要在硬件设施上进行投入，更重要的是在软件建设，尤其是在信息资源开发上下足功夫。

信息化教师队伍的建设离不开硬件设备的配备。硬件设备是信息化教学的物质基础，如电脑、投影仪、电子白板等，同时需要依托于强大的网络环境。以校园网为代表的信息化基础设施是教育信息化发展的基石。网络的速度、稳定性和覆盖范围，直接影响着教师教学的效率和效果。在硬件设备的配备上，需要保证每位教师都能顺利接入网络，使用电子设备进行教学。这种物质基础的打造，不仅提升了教师队伍的教学效率，也能提升教师的信息素养，从而有助于培养出优秀的创新人才。

然而，硬件设备的配备仅是信息化教师队伍建设的初级阶段，更深层次的挑战来自信息资源的开发。高校信息资源是指在日常教学和科研活动中所产生和使用的各种信息的总和。在信息化教育的过程中，如何有效地使用这些信息资源，成为提升教师队伍建设水平的关键。因此，高校需要成立专门的信息化机构，进行信息资源的规划和开发，制定信息资源开发利用的统一准则。信息资源的开发，包括电子教材、课件、学术文献数据库、管理数据库等多个方面。这些资源是构建信息化平台的基础，也是提高教师教学效果的关键。同时，需要关注信息技术专业人才的培养，鼓励教师、管理人员、技术人员积极参与信息资源的开发，以制作出更具标准、规范和特色的信息资源。但信息资源的开发并非简单地照搬复制，必须坚持以人为本，遵循统一的标准，以便信息共享和利用。通过集合各种教学资源，构建集成的信息资源库，这样才能为高校信息化教师队伍建设搭建一个良好的信息化平台。

二、重视潜件建设，为信息化教师队伍建设提供先进观念

所谓潜件，是指人的思想、观念等。转变高校教师的观念是高校信息化教师队伍建设的首要任务。各高校可根据本校实际情况，在全校范围内进行现代教学理念、管理思想大讨论。要重视和加强对教学信息化的组织领导，树立现代化的教学管理观念。在教师、学生和管理人员充分统一思想的基础上，根据学校的教

育教学目标，确立每一门课的课程目标。同时，在教学设计时要将信息技术运用到"教与学"的各个环节中，具体体现在知识的呈现、教师的教学方式、师生关系的互动等方面。

在提升师资队伍建设水平的过程中，对潜件的重视与建设是不可或缺的一环。高校教师观念的转变，意味着要在全校范围内进行现代教学理念、管理思想的大讨论。这需要教师们从传统的教育模式中跳脱出来，接纳和接受新的、现代的教学理念和管理思想。这对于教学信息化的组织领导来说应给予重视，树立现代化的教学管理观念。

在教师、学生和管理人员充分统一思想的基础上，可以针对学校的教育教学目标，确立每一门课的课程目标。这样做不仅有助于课程的统一性和连贯性，同时能更好地体现出教育教学的目标导向性。

对于教学设计，信息技术的运用是一项重要任务。信息技术的应用应体现在"教与学"的各个环节中，从知识的呈现、教师的教学方式到师生关系的互动等多个方面。这样做有助于实现教学方式的多元化，提高教学效果。

在知识的呈现上，通过信息技术，教师可以采用多种方式进行教学，如视频、动画、交互式教学等，这既能增加教学的趣味性，又能提高学生的学习效率。同时，教师的教学方式需要随着信息技术的发展而改变，更加注重学生的主体性，鼓励他们自主学习，提高他们的信息素养。

在师生关系的互动上，信息技术的应用可以提高教师和学生的沟通效率。通过线上的方式，教师可以及时了解学生的学习情况，学生可以在任何时间、任何地点向教师请教问题。这种方式不仅可以提高教学效率，同时也能增强师生之间的互动，提高学生的学习积极性。

三、加强制度建设，为信息化教师队伍建设提供制度性保障

在信息化教师队伍建设中，制度建设起着重要的作用，它为教师队伍提供了制度性的保障。为了提高教师的信息素养，高校需要制定科学、合理、操作性强的制度和考核标准。

制度和标准是确保高质量教学的基石。高校需要依据自身的特性和环境，制定出一套完整的规章制度。这套制度应涵盖信息素质的培训、考核和应用等各个方面，为教师的信息化教学提供明确的指引。一个明确、易于理解和执行的制度可以使教师更好地理解他们的职责和期望，从而提高他们的教学质量。

制度应体现激励机制，能够激发教师积极使用信息技术。这可能包括提供专业发展机会，如进一步的教育和培训，或者提供奖励和认可，以表彰那些在信息技术应用上表现出色的教师。通过这种方式，教师会更有动力去提升自己的信息技术能力。在考核教师的信息技术水平时，制度应满足定性评价和量化考核的需要。这意味着在评估过程中，除了考虑教师的技术能力和知识水平外，还应考虑他们如何将信息技术应用于教学中，以及他们的教学效果如何。

制度需要随着学校的发展和信息技术的提高及时进行修订和完善。随着信息技术的进步和教育环境的变化，高校需要定期评估和调整制度，以确保它们依然适应当前的环境。

制度的执行力要强。高校需要确保规定的制度得到遵守，包括在发现违反制度的行为时采取适当的纠正措施。通过执行力强的制度，高校可以维持良好的教学质量，同时可以确保教师在信息化教学中得到公平的待遇。

四、组织教师培训，为信息化教师队伍建设提供深造的机会

教师培训是信息化教师队伍建设中不可或缺的一环，它提供了教师深造的机会，进而提升整个教师队伍的水平。鼓励在职教师继续深造是一种有效的策略。系统的学习，无论是在职还是脱产，都可以帮助教师获取更高的学位，提高他们的科研能力。通过继续教育，教师能够在教学理念、技能和知识上保持更新，更好地满足教育教学的发展需要。除了系统的深造，短期培训也是提升教师水平的有效方式。学校可以定期或不定期地邀请国内外的教育专家到校，通过专家讲座、示范课、竞赛课等多种形式，为教师提供理论和实践的全方位指导。这种方式可以使教师直接从专家那里获取最新的教学理念和方法，有助于他们在实践中提升教学技能。

校本培训是另一种值得推行的培训形式。在教育专家的指导下，学校和教师共同发起及组织的校本培训，能以学校教育教学发展和改革所面临的实际问题为中心，充分利用校内外的资源。这种培训形式旨在创造一个既关注教学又关注研究的环境，通过诊断、对策、计划、实施、反思等环节，引导、加速和强化教师角色的转变。反思自身行为并实现角色转换，是教师专业发展的关键步骤。

无论是在职深造、短期培训，还是校本培训，都可以为教师提供机会以提升他们的教学理念、技能和知识，使他们能够更好地适应教育教学的变化和需求。同时，通过这些培训机会，可以促使教师反思自身行为，实现角色转换，更好地适应信息化教育环境的需要。

五、引导自身建设，为信息化教师队伍建设开创更多的途径

在教育信息化的大背景下，高校师资队伍建设的自我调适和自我建设是不可或缺的环节。这需要教师们自我反思，自我进步，找准自身在信息化教育中的角色定位。教师需要调整自己的角色观念，这是自身建设的重要一步。教师应清醒地意识到，教育信息化对教师角色提出了新的期待与要求。在信息化教育的大环境下，教师的角色已不再仅仅是知识的传授者，而是需要成为引导者、促进者和学习者。教师要有意识地打破传统的角色规范，尽快转变角色观念，以适应信息化时代的要求。终身学习的思想对教师来说也是至关重要的。教师需要时刻保持对新知识、新技能的热情和好奇心，以应对教育的快速变化。在信息化教育时代，教师不仅需要掌握和运用教育技术，更需要通过不断学习，了解和掌握新的教育理念，改善自己的知识结构。作为教育者，教师必须做到常点常亮，成为引导学生进步的灯塔。

教师需要提升自身的道德素质和人格精神，做学生品德的榜样。这既涉及教师个人的道德风范，也与信息化教育环境中教师的责任和行为有关。教师不仅要关注学生的学习成绩，更要关注学生的全面发展，引导他们培养良好的品德。

第三节　创新学生组织管理模式

一、教育信息化下以团队管理模式重构师范生组织的内部结构

（一）团队型组织的特点

1. 组织结构从垂直到网络化

传统的组织结构通常是层级型或垂直型的，权力和信息从上至下传递。然而，团队型的组织更接近网络结构。网络化的组织结构促进了信息的自由流动和更广泛的参与。每个团队成员都能快速获取信息，更好地响应变化，并且每个人的观点都能被听到，从而鼓励创新和适应性。这种结构更适应快速变化的环境，因为它能够更快地做出决策并执行。

2. 组织控制从集中到多中心

传统的组织通常有一个集中的权力和控制中心，团队型组织多中心的控制模式让每个团队成员都有可能参与决策过程，这不仅能提高决策的质量，也能增加团队成员的归属感和满足感。

3. 组织管理边界从封闭到开放

在团队型组织中，组织的边界变得更加开放和流动。与传统封闭型的组织相比，团队型组织更能接受和吸收外部的新思想及新技术，这有助于组织的创新和发展。此外，开放的边界有利于团队与外部环境的互动和协作，使组织能更好地适应和应对外部环境的变化。

（二）师范生组织团队管理模式应用的可行性

1. 有利于满足学生身心需求发展

师范生作为未来的教师，他们的个人成长和发展需求不应被忽视。团队管理模式注重每个团队成员的个性化需求，它允许每个成员在团队中展示自我、实现自我价值，从而有利于学生的个性发展。此外，团队的互动与合作能提高学生的社会技能，比如沟通协作、解决冲突等，这对他们未来的职业生涯有着深远

影响。

2. 有利于组织凝聚功能的更好发挥

团队管理模式强调合作和共享，这有助于构建团队成员间的互信与团队精神。当团队成员感到自己是团队的一部分，并对团队目标有共享的认知时，他们更可能为实现团队目标付出努力，从而增强了组织的凝聚力。

3. 有利于师范生集体主义价值观的培养

团队管理模式强调集体利益高于个人利益，这有助于培养师范生的集体主义价值观。在团队工作中，师范生需要学习为团队的目标和任务牺牲个人的利益，这有助于他们形成集体主义的价值观，并在未来的教育工作中将这一价值观传递给学生。

（三）团队管理模式重构的途径

1. 匹配个性特征和团队任务

在团队构建中，首先，要了解和识别每个团队成员的个性特征，包括他们的兴趣、能力、经验等。其次，根据每个成员的个性特征，将他们安排在最适合的团队角色和任务中。这样不仅能使每个成员的能力得到最大化的发挥，同时也能提高团队的整体效率和效果。

2. 设计团队结构

团队结构的设计应根据团队的目标和任务进行。例如，如果团队的任务需要高度的协作，那么应选择扁平化的团队结构，以促进信息的快速流动和决策的高效性。如果团队的任务需要高度的专业知识，那么应选择分工明确的团队结构，以确保每个成员都能专注于他们擅长的领域。

3. 以目标管理运行团队

团队的运行应以目标管理为导向。首先需要设定明确、具有挑战性但又可实现的团队目标，然后制定详细的实施计划和时间表。在实施过程中，要定期检查和评估团队的进度和效果，及时调整计划和策略。同时，要鼓励团队成员积极参与目标设定和决策过程，以提高他们的参与感和责任感。

二、教育信息化下以项目管理模式优化师范生组织的资源分配

（一）项目管理的基本内涵

项目管理，作为一种科学的管理方式，基于项目的特性和目标，应对项目的执行过程进行全面、系统的管理。项目管理需要明确项目的目标。项目的目标是项目执行的前提和导向，是衡量项目成功与否的标准。因此，明确并理解项目的目标是项目管理的重要组成部分。这个目标不仅应是明确的，也应具有可度量性，以便于对项目进度和效果进行评估。项目管理应能够完成一系列相互关联的任务。每个项目都是由许多不重复的任务组成的，这些任务以一定的顺序进行，以实现项目的目标。因此，如何有效地组织和协调这些任务，保证任务的顺利完成，是项目管理的关键。在这个过程中，项目管理者需要对各个任务进行合理的计划和安排，以确保项目的进度和质量。项目管理还应当有效地利用资源。为了完成项目任务，需要运用各种资源，包括人力资源、物质资源、财务资源等。合理地分配和利用这些资源，提高资源的利用效率，是项目管理的重要任务。

（二）项目管理在师范生组织中的实际应用

项目管理作为一种高效的管理模式，其在师范生组织中的实际应用中取得了显著的效果。通过引入"项目管理组"这一概念，学生可以全程参与活动，并根据其所在部门的工作优势和自身特长参与活动组织，并创造了条件让他们积累活动策划、沟通合作等方面的经验和能力，从而强化了他们的个人发展。

通过全面引入项目管理，成功地改变了校园文化活动"自上而下"的行政命令方式。此前，校园文化活动多是由上层领导决定并指导的，学生的参与度相对较低。现在，通过项目管理的方式，学生可以更积极地参与到活动中，他们的意见和创意也更能被重视及采纳。此外，项目管理模式的引入，极大地提升了校园文化活动的创新性。项目管理强调目标导向和团队协作，所以在这个框架下，学生能更好地发挥他们的创新能力，从而提高活动的质量和效果。

（三）项目管理模式的具体实施

1. 项目启动阶段

项目启动阶段是确定项目方向和定位的关键阶段。这个阶段涵盖了项目的可行性研究、初始构想和资金的筹集等环节。在项目启动阶段，学生组织需要深度理解项目背景和目标，同时研究可能会遇到的挑战和难点，从而制定应对策略和预算计划。一旦项目被正式批准，应对其进行广泛的传播和宣传，以激发学生的参与热情。

2. 项目计划阶段

在项目计划阶段，项目的实施计划将被详细阐述和确定，目标是确保活动方案的实施性和可行性。在这个阶段，评审委员会需要严格按照相关标准和程序进行项目的评审及筛选。如果项目成功获得批准，应及时向学生公开活动项目的信息并征求他们的反馈和建议，以便对活动项目进行必要的调整。

3. 项目实施阶段

项目实施阶段是项目从理论到实践的转化阶段，要求通过有效的资源管理和协调来实现项目的目标。在这个阶段，项目负责人需要定期进行项目的中期评估，以及时监测项目的进度和可能出现的问题，保证项目的进度和质量。

4. 项目控制阶段

项目控制阶段是项目管理过程中的关键环节，需要对项目的实施情况进行持续监控，并对可能出现的偏差进行及时调整。在这个阶段，项目负责人需要定期接受培训和评估，同时需要建立有效的沟通机制，以确保信息的及时传递和反馈。对于资金的管理，需要专人进行管理和监控，避免资金的滥用和浪费。

5. 项目总结阶段

项目总结阶段是项目管理流程的最后一步。在这个阶段，项目组需要对项目的实施进行全面的评估和总结。项目的所有信息，包括文本、图像和视频等，都应当被整理和保存，以便进行详细的项目总结。监督小组应根据预先设定的标准对项目进行评估，并根据评估结果进行相应的资源再分配。这一阶段的关键是对项目的成功和失败进行全面分析，从中学习并汲取经验教训，为未来的项目提供宝贵的参考。

三、教育信息化下以文化管理模式实现师范生组织的有机整合

（一）文化管理的特征

文化管理是集战略规划、资源配置、组织协调等多种活动于一体的综合性管理过程，着眼于整个组织，力图在全局范围内营造一种有利于组织发展的文化氛围。这需要管理者具备全局视野，了解组织的历史、现状和未来发展方向，以便更好地塑造和管理组织文化。文化管理不是一次性的活动，而是一个持续的过程。组织文化的形成和发展需要时间，因此，文化管理需要持续关注，通过不断的反馈和调整，推动组织文化的健康发展。文化管理更关注组织的深层文化，包括组织的价值观、信念、规范等。这些深层文化因素往往影响着组织成员的行为和决策。在面对快速变化的外部环境时，文化管理需要有创新精神。管理者应鼓励组织成员持续学习、创新思维，以适应和引领变化。在文化管理中，十分尊重人的主体地位，管理者应充分考虑组织成员的需求和感受，尊重他们的个性和创造性。

（二）文化管理模式对师范生组织管理的适用性

1. 师范生组织的可塑性

师范生组织是一个充满活力和创新的集体，其成员通常具有较强的学习能力、创新思维和团队协作精神。因此，师范生组织具有很强的可塑性，可以更好地接受和适应新的管理模式。师范生组织的理念具有可塑性。理念是组织行为的指导原则，它影响着组织成员的思维方式和行为模式。师范生组织的理念主要包括教育理念、学习理念、服务理念和发展理念等。在文化管理的影响下，这些理念可以通过研讨、培训、实践和反思等方式进行不断的更新及升华，从而适应教育教学的新需求和新挑战。另外，师范生组织的行为规范具有可塑性。行为规范是组织成员在具体行为上遵循的规则和标准。师范生组织的行为规范主要包括学习规范、行为规范、沟通规范和服务规范等。在文化管理的指导下，这些规范可以通过制定、执行、评价和改进等方式进行有效的调整及优化，从而推动组织成员的行为更加规范、有序和有效。

2. 师范生组织的自律性

师范生组织的自律性指师范生组织及其成员能够依据自我设定的规范和标准，自主地进行决策和行动，对自身的行为负责，并能自我调整和改进的能力。这种自律性不仅体现在个人层面，也体现在组织层面，是师范生组织的一项重要特性。在文化管理模式下，师范生组织的自律性可以得到进一步的强化和发展。师范生作为未来的教育工作者，他们通常具有较高的教育理想和职业道德，对自我要求严格，具有较强的自我管理和自我教育能力。这种自我管理和自我教育的能力，可以使他们在面对各种复杂和困难的情况时，能够坚守原则，保持冷静，自主地做出正确的决策和行动。且从某种程度上看，文化管理模式可以通过塑造积极的组织文化和价值观，激发并提升师范生的自我管理意识和能力。例如，通过培养和弘扬尊重、责任、公正、创新等价值观，可以使师范生更加明确自己的职责和使命，增强自我管理的动力和意愿。同时，通过营造开放、合作、学习、创新的组织氛围，可以鼓励师范生勇于尝试、勇于创新，自主地发展和提升自己的能力和素质。

（三）师范生组织管理中文化管理的实践途径

1. 培育共同的价值观

为了构建和谐、有序且高效的师范生组织，需要在组织内部培育共享的价值观。价值观是人们对于生活、工作、人际关系等方面的重要观念和态度，它在很大程度上决定了个体和集体的行为方式。在师范生组织中，可以通过开展各种讨论、研讨、培训等活动，引导师范生形成尊重、公正、合作、创新等积极的价值观。这些价值观将成为组织内部的行为准则，引导师范生在日常生活和学习工作中做出符合组织理念的行为。

2. 加强物质文化和精神文化建设

物质文化和精神文化是文化管理的两大重要内容。物质文化主要包括组织的物理环境、设施设备、标志标识等，精神文化主要包括组织的信仰、价值观、规范、习俗等。在师范生组织中，需要通过改善学习环境、提供高质量的教育资源、创造舒适的生活条件等方式，加强物质文化建设。同时，需要通过宣传教育、示范引导、实践锻炼等方式，加强精神文化建设，形成积极向上、团结友爱、追求卓越的组织氛围。

3. 构建不同层次的学生文化平台

为了使文化管理能够深入师范生组织的每一个角落，需要构建各种不同层次的文化平台。这些文化平台可以是学术研讨会、文化艺术节、社团活动、志愿服务等，它们为师范生提供了表达自我、交流想法、实践理念、发展能力的舞台。通过参与这些文化平台的活动，师范生不仅可以提升自身的知识技能，还可以增强自己的团队精神、领导能力、创新思维等，从而更好地适应未来的教育工作。

第四节　构建协同育人长效机制

一、校企一体交流、分享机制

信息化教学能力的提升需要建立校企一体的交流分享机制。信息化教学能力是一种综合能力，涉及广泛而复杂的内容。从信息技术的角度看，信息化教学能够高效解决内容教学的问题；从内容教学的角度看，信息化教学仅仅运用了一种新的教学技术。然而，信息化教学技术并不仅仅是简单地将信息技术与内容教学结合起来，它还要求将信息技术、内容教学和教学方法进行深层次的整合。

为了提升信息化教学能力，可以借鉴传统的精品课程、说课、竞赛、公开课和教研等模式，进行信息化教学内容和技能的交流与分享。通过与有经验的教师同事进行知识和技能的交流分享，可以在师范生中形成一个信息化教学和能力提升的学习氛围，同时能够激发教师的信息化教学创新意识。

学校管理层应积极搭建一个信息化教学交流分享平台，以解决师范生在信息化教学实践中遇到的各类问题。这个平台可以为师范生提供一个相互交流、分享经验的平台，帮助他们发现自身在信息化教学中存在的不足，并进行有针对性的自我学习、自我完善和自我提升。这样的平台能够有效促进师范生信息化教学能力的提升，同时能够在彼此的交流和学习过程中更加清晰地找出信息化教学的目标、方法以及未来创新融合的方向。此外，师范生间的信息化教学经验交流和分享还能够相互取长补短，进一步促进教学创新、教研方向和学科水平的提升。

二、培训机制

当前，学校在培养师范生的信息化教学能力方面，主要采用校内和校外的信息化教学培训，并辅助网络信息化教学培训。校内和校外培训多由学校免费提供，而网络信息化教学培训则以学校内部和教师自主学习为主。另外，少数学校也与校外营利机构合作，开展有偿培训。受限于培训时间和成本，师范生更多选择校内培训，整体培训效果相对一致。

过去，学校在教师聘用过程中主要关注师范生的产教融合教学能力和个人的教研能力，对教师自身的信息化教学能力考核和关注不足。因此，学校在师范生的聘用过程中需要重视岗前的信息化培训，以便新任教师能够尽快熟悉和运用信息化教学环境并进行教学实践，为其信息化教学能力的发展打下基础。另外，学校应不断加强校内的信息化教学培训，可以通过全校在职教师进行系统培训，也可对一线教师进行个性化的信息化教学技能培训。这样可以提高全校教师的信息化教学能力，同时能有针对性地提升一线师范生的信息化教学能力。此外，学校在进行一线教师的校本信息化教学能力培训时，应注重培养师范生的信息化教学理论，使其在提升信息素养的基础上，为提高信息化教学技能和与学科（或专业）、教学资源深层次整合能力奠定基础，为推动师范生信息化教学实践创新能力提供更多保障。

三、考核激励机制

在全球信息化背景下，我国的信息化程度将迅速发展，教育信息化也将成为未来教育教学的发展趋势。为此，学校应将师范生的信息化教学能力纳入综合教学能力的评价和考核体系中，并将其作为重要的考核指标。然而，目前大多数学校尚未将师范生的信息化教学能力纳入教学评价体系，只有少数学校将其作为辅助性的评价指标纳入综合能力评价中。因此，建立科学合理的师范生考核体系对于提高师范生的教学能力、促进学校的信息化教学发展至关重要，并对提升师范生个人的信息化教学能力起到良好的促进作用。

为此，学校应根据自身的办学宗旨、理念和师范生队伍的情况，合理地将师范生的信息化教学能力纳入考核体系中。同时，应将校内和校外的相关信息化教学培训情况纳入考核体系，以进一步激发师范生在信息化教学培训学习和实践方面的积极性。此外，将信息化教学能力纳入师范生年度教学能力考核和职务晋升考核指标中，通过规范化、系统化的考核来推动师范生对信息化教学能力的重视程度。这对于有效提升师范生的信息化教学能力和教学实践应用能力具有重要的现实意义。

同时，考核机制有助于激励师范生自主践行信息化教学的积极性，具有良好的推动作用。在一线教学实践中引入合理竞争和公平竞争的元素，对于进一步提高师范生的教学水平和信息化教学能力具有重要的现实意义。

可见，学校应将师范生的信息化教学能力纳入考核体系，并结合校内外培训情况进行综合评价，以激发师范生的积极性并推动其信息化教学能力的提升。此外，引入竞争机制和公平竞争元素，有助于推动师范生在信息化教学方面的实践和能力发展。这将有助于推进学校信息化教学的进一步发展，提高教师队伍整体的信息化教学能力水平。

四、项目驱动推进信息化教改进程

从实践证明看，一些高校通过教改立项和教学成果奖等方式，积极推进信息化教育改革，提升自身的信息化教育水平以及师范生的信息化教学能力。这些举措发挥了积极的作用。因此，学校应主动利用教改立项和教学成果奖评选等方式推进信息化教改进程，同时促进学校的教育信息化水平提升。学校还应通过开放在线课程、专业教学资源库、教学成果等形式，激发师范生自主参与信息化教学学习、教研和创新的热情，并鼓励有条件、有能力的师范生参与学校的教育信息化建设活动。在参与教改立项等活动中，师范生可以申报各级别的教改立项和教学成果奖，在专业资源库建设过程中发现并解决自身存在的问题，通过不断的自我学习和提升来弥补不足。同时，师范生在这个过程中不断深入学习和实践信息化教学技术，对于提升师范生的信息化教学能力和教学质量具有重要的现实意义。

结　语

在当前数字化时代，信息技术的迅猛发展为教育领域带来了前所未有的机遇和挑战。师范生信息化教育作为教育信息化的重要组成部分，也得到了广泛关注和重视。

全球范围内，各国都积极推动教育信息化的发展，以适应数字化、网络化和智能化的社会需求。教育信息化被视为促进教育创新、提高教育质量和公平性的重要手段及路径。师范生信息化教育作为培养未来教师的关键环节，具有重要的战略地位和使命。

在中国，教育信息化已成为国家教育改革的重要方向。中国政府出台了一系列文件和政策，提出了促进教育信息化发展的目标和任务，还提出了发展现代远程教育和网络教育、加强师范生信息技术应用能力培养的任务。

师范生信息化教育的大背景是教育改革与信息技术融合发展的迫切需求。传统的教师培养模式已经难以适应信息化时代对教师能力的要求。培养具备信息技术应用能力和教育教学创新能力的师范生，已成为教师专业发展的重要方向。

此外，信息技术的广泛应用也给教育带来了全新的教学模式，丰富了教育资源。师范生信息化教育旨在使师范生掌握信息技术的基本知识和技能，灵活运用信息技术进行教学设计、资源开发和教学评价，以提升教学效果和学生学习成果。

综上所述，师范生信息化教育的大背景是全球教育信息化发展的趋势，也是国家教育改革的需要。通过培养师范生的信息化教学能力来推动教育创新、提高教育质量，使其适应信息化时代对教师的新要求和挑战。

参考文献

[1] 张琳.指向核心素养的师范生信息化教学能力研究［M］.上海：上海交通大学出版社，2021.

[2] 周效章.师范生信息化教学能力培养研究［M］.北京：中国商业出版社，2020.

[3] 王鹊.信息化环境下音乐师范生教学能力培养研究［M］.北京：中国社会科学出版社，2018.

[4] 程林钢.新媒体与新平台环境下高职师范生信息化应用能力培养与提升［M］.北京：中国书籍出版社，2020.

[5] 王培喜，张炜.师范生教学技能有效培养的实践课程模块研究基于信息时代的体系创新［M］.武汉：华中师范大学出版社，2017.

[6] 朱贤友，李康满.师范生信息化教学能力的培养探究——以计算机专业为例［J］.大学教育，2022（8）：198-200.

[7] 王静，吴师伟，张菊红.地方师范院校师范生信息化教学能力培养：现状、问题及路径［J］.公关世界，2022（12）：76-77.

[8] 李亚霞，左林华.民族师范院校师范生信息化教学能力的培养策略探究［J］.电脑知识与技术，2022（12）：121-123.

[9] 吴一娜，曲艳红，孟璐.O2O模式在师范生信息化教学能力培养中的应用［J］.数字技术与应用，2022（3）：81-83.

[10] 李骏.基于直觉梯形模糊TOPSIS的师范生信息化教学能力评价［J］.西昌学院学报（自然科学版），2022（1）：124-128.

[11] 王小伟.需求导向的师范生信息化教学能力提升研究［J］.科技资讯，2022（5）：193-196.

[12] 李武装."互联网+"环境下师范生信息化教学能力的培养——评《指向核心素养的师范生信息化教学能力研究》［J］.中国科技论文，2022（2）：250-251.

[13] 姚正阳，郑树景，张毅川，马珂，李晶晶.教育信息化2.0时代下师范生信息化教学能力培养策略［J］.科技风，2021（23）：24-25.

［14］陆霞.ARCS模型视角下师范生信息化教学能力培训设计与实施［J］.太原城市职业技术学院学报,2021（7）：92-95.

［15］刘丽,马池珠,韩晓玲.师范生信息化教学能力的智慧生成策略探析［J］.电化教育研究,2021（6）：47-52.

［16］白晓云.英语师范生信息化教学能力构成要素探析［J］.湖北开放职业学院学报,2021（9）：164-166.

［17］刘建波.师范生信息化教学能力培养影响因素研究——基于天津S大学师范生的问卷调查［J］.西部学刊,2021（9）：102-104.

［18］崔革,陈奇.学前教育专业师范生信息化教学能力的培养［J］.鞍山师范学院学报,2021（2）：61-65.

［19］罗贤德,李雪,李佳音,刘全娟.师范生信息化教学能力现状调查与对策研究——以青海某师范院校为例［J］.中国新通信,2021（7）：223-227.

［20］王远远.高职师范生信息化教学能力调查研究［J］.铜陵职业技术学院学报,2021（1）：73-82.

［21］孙丽娜.智慧教室环境下基于体验式学习的师范生信息化教学能力提升研究［J］.计算机时代,2021（3）：90-92.

［22］王巍,闫寒冰,魏非,李笑樱,杨星星.发展师范生信息教学能力：支持要素、关键问题与可为路径——基于20所师范院校调研数据的分析［J］.教师教育研究,2021（2）：38-44.

［23］刘喆,练飞芸.数学师范生信息化教学能力发展研究——基于实证分析的视角［J］.数学教育学报,2021（1）：91-96.

［24］王驰.面向师范生信息化教学能力的设计型学习活动设计——以"现代教育技术"课程为例［J］.无线互联科技,2021（1）：125-126.

［25］姚玉莹,关玉冰.师范生信息化教学能力培养现状与提升策略［J］.文化创新比较研究,2020（35）：81-83.

［26］师晓艳.基于混合式教学模式提升师范生信息化教学能力的研究［J］.信息与电脑（理论版）,2020（20）：241-243.

［27］王亮.师范生信息化教学能力提升策略研究［J］.电脑知识与技术,2020（20）：152-153.

［28］李国峰.互联网+背景下师范生信息化教学能力现状调查研究——以安徽省某地方应用型本科院校为例［J］.滁州学院学报,2020（03）：110-113+117.

［29］刘喆.设计思维方法支持下的师范生信息化教学能力发展研究［J］.中国教育信息化,2020（12）：1-8.

[30] 李运福,吴良霞.小学教育师范生信息化教学能力培养策略研究——基于西部某地方师范院校的抽样调查[J].数字教育,2020(2):65-69.

[31] 周宇昳.师范生信息化教学能力现状调查[J].中国教育技术装备,2020(6):19-21.

[32] 任艳梅.师范生信息化教学技能培养策略研究[J].电脑知识与技术,2020(7):146-147.

[33] 申仁洪,杨雨露.2.0时代下师范生信息化教学能力现状调查及提升策略研究[J].重庆师范大学学报(社会科学版),2020(1):80-88.

[34] 周效章.卓越教师培养视角的师范生信息化教学能力课程重构[J].黑龙江高教研究,2020(1):147-151.

[35] 阳永清.混合式教学视角下师范生信息化教学能力培养研究[J].软件导刊(教育技术),2019(12):76-77.

[36] 张琪.师范生信息化教学能力提升策略研究[J].电脑知识与技术,2019(31):117-118+137.

[37] 焦伟婷,严冉,朱玉莲.师范生信息化教学能力现状及提升策略研究[J].河北科技师范学院学报(社会科学版),2019(3):96-100.

[38] 刘立,孙仲圣.师范生信息化教学能力现状调查分析与应对策略[J].中国教育信息化,2019(18):71-74.

[39] 刘凤娟,郑宽明,袁书卷,王磊,龙英艳.教育信息化2.0背景下地方高校师范生信息化教学能力现状与提升对策[J].陕西理工大学学报(社会科学版),2019(4):62-67+76.

[40] 刘喆.智慧教室支持师范生信息化教学能力发展的教学模式构建及应用[J].中国教育信息化,2019(16):66-70.

[41] 杨燕,袁训锋,黄丽琼,韩小丹."以赛促学"在提升师范生信息化教学能力中的实践研究[J].科技与创新,2019(12):118-119+121.

[42] 缪巧玲,马燕,邓巧妹.项目学习视角下师范生信息化教学能力培养研究[J].数字教育,2019(2):47-51+2.

[43] 张琳,约克·沃格特.融于学科的师范生信息化教学能力培养——来自荷兰的经验[J].教育发展研究,2019(4):44-53.

[44] 唐瓷.师范生信息化教学能力培养改革与实践——以成都师范学院为例[J].教师教育论坛,2019(1):67-73.

[45] 任友群,闫寒冰,李笑樱.《师范生信息化教学能力标准》解读[J].电化教育研究,2018(10):5-14+40.

[46] 王全旺,赵兵川.基于情境学习理论的应用型本科师范生信息化教学能力培养研究[J].

职教论坛，2018（9）：50-55.

［47］崔革.TPACK框架下学前教育专业师范生信息化教学能力提升策略［J］.鞍山师范学院学报，2018，20（4）：101-104.

［48］韩利，刘丽丹.黑龙江省师范生信息化教学能力的培养策略研究［J］.中国教育信息化，2018（4）：64-67.

［49］王芳.TPACK框架下师范生信息化教学能力培养研究［J］.宿州教育学院学报，2017（6）：142-143.

［50］张道雪，赵可云.大数据促进师范生信息化教学能力提升研究［J］.数字教育，2017（5）：28-34.

［51］曹海霞.面向师范生信息化教学设计能力培养的协同学习模式研究［D］.河北师范大学博士学位论文，2022.

［52］刘铭桃.陕西地方本科院校师范生信息化教学能力培养效果研究［D］.延安大学博士学位论文，2021.

［53］李青.免费师范生信息化教学能力远程指导平台的实现［D］.华中师范大学，2020.

［54］张琳.师范生信息化教学能力培养研究［D］.华东师范大学博士学位论文，2019.

［55］郭雯雯.师范生信息化教学能力现状调查与发展策略研究［D］.聊城大学博士学位论文，2019.